你这么可爱，可惜不会谈恋爱

恋爱时，我们女人到底该做什么？

王圈圈　著

煤炭工业出版社

·北 京·

图书在版编目（CIP）数据

你这么可爱，可惜不会谈恋爱／王圈圈著．－－北京：
煤炭工业出版社，2016（2020.6 重印）
ISBN 978－7－5020－5043－6

Ⅰ.①你… Ⅱ.①王… Ⅲ.①女性—恋爱—通俗读物
Ⅳ.①C913.1－49

中国版本图书馆 CIP 数据核字（2015）第 292568 号

你这么可爱，可惜不会谈恋爱

著　　者	王圈圈
责任编辑	刘新建
特约编辑	郭浩亮　汪　婷
特约监制	朱文平
封面设计	刘红刚

出版发行　煤炭工业出版社（北京市朝阳区芍药居 35 号　100029）
电　　话　010－84657898（总编室）
　　　　　010－64018321（发行部）　010－84657880（读者服务部）
电子信箱　cciph612@126.com
网　　址　www.cciph.com.cn
印　　刷　三河市金泰源印务有限公司
经　　销　全国新华书店

开　　本　710mm×1000mm$\frac{1}{16}$　印张　14$\frac{1}{2}$　字数　200 千字
版　　次　2016 年 2 月第 1 版　2020 年 6 月第 2 次印刷
社内编号　7894　　　　　　　　定价　38.00 元

序

这是最好的时代，也是最坏的时代

"这是最好的时代，也是最坏的时代。"这句话用来形容当下中国女性面对的世界，或许惊悚，但名副其实。

男人，是一种刚需

不止一个姑娘对我说："我自己赚钱买花戴，我才不需要男人。"那一刻，她或许觉得自己很英勇决绝，很独立坚强。她的闺密们也会带着赞许的目光颔首微笑。但是，从来没有一个男人对我说："我努力赚钱，我才不需要女人。"万一真有人这么说，他的朋友们一定觉得他取向特别。男人想的是："我要努力赚钱才会有姑娘。"

这就是差别。那个看似独立坚强，振振有词地说"自己赚钱不需要男人"的姑娘，其内心的潜在逻辑是：因为我能自己赚钱，所以我不需要男人给我钱。她把男性存在的意义等同于给钱的取款机，不仅歧视了男性，也悄悄歧视了女性。

男人还可以用来聊天，用来陪伴，用来看家护院，用来慰藉心灵，用来

1

灵魂交流，用来分享一时一刻的欢愉，用来和你一生一世相守。他可以是体贴温柔的倾听者，可以是人生智慧的提点者；可以为你煮饭煲汤，也可以和你一起环球旅行。加班晚归时，家中有一盏灯为你守候；生病时，有粥、饭、汤药放在你的床头。

姑娘，你不需要一个这样的男人吗？

就像男人需要女人一样，大多数女人不仅需要男人，还需要足够好的男人，去分享她们大放异彩的人生。

什么是"需要"？

——I want a man, but I don't need a man.

恋爱，不欢迎新手

你家教良好甚至有一点严厉，你曾是学校里的乖乖女尽管内心有一点叛逆，你受到了良好的教育，拿着足以养活自己的工资，在激烈的职场中厮杀。你看有深度的电影，从不听口水歌，你不是大厨但可以做一顿可口的饭菜、弹琴、画画、旅行、阅读总有一两样擅长。大学毕业之前，恋爱是你的洪水猛兽，你被告知"好好学习不要恋爱"；大学毕业以后，没谈过恋爱被视为洪水猛兽，你被告知"再嫁不出去就老了。"

于是没有一点点防备，战斗的号角瞬间吹响，你只得硬着头皮一个人提刀上战场。

有些人被秒杀，有些被团灭，有些逡巡数载，战场都没找到。于是好姑娘的自我怀疑就开始了："我是不是很糟糕？""我是不是没人要？""我一点都不漂亮？""我是不是需要减肥？"

相信我，你在最好的年龄，有着最美的容颜，聪明优雅、充满魅力，你万事俱备，差的只是经验。

如何在相亲第一面锁死目标？怎样的场地，怎样的妆容，甚至怎样的灯光，怎样的开场白，怎样迅速展示个人魅力，怎样引发高潮戛然而止，怎样意犹未尽见好就收？

如何在30秒内引起对方注意？如何动态展现魅力，怎样举手投足，怎样挑起话题，怎样填补尴尬时间，怎样缓和紧张气氛？

如何控制恋情节奏？如何让对方主动联系，如何占有主控权，劣势下如何步步为营，拉锯战如何缩短进程，遇到渣男如何进退，回头草该不该吃？

诸如此类，其实很容易，聪明如你肯定一点就通，只是你没有机会经历。所有这些，都会在这本书里找到答案。这些大多来自笔者本人混迹情场多年的经验和教训，来自笔者阅人无数和历经浮沉的积淀。

我不认为这些东西能让一个平庸的姑娘绽放光芒，但我确信能让一个本该绽放的姑娘不蒙尘于世。

这是最好的时代，也是最坏的时代。这个时代姑娘们接受了最好的教育，拥有最独立的人格，也面临最大的挑战。仅以此书献给被七大姑八大姨逼婚催嫁的朋友，在朋友圈婚纱照和晒娃狂魔刷屏中艰难喘息的朋友，在花式虐单身狗大赛中默默围观的朋友。

我认为，每个人都值得被爱。这是一本讲如何被爱的书，献给应该被深爱的你。

开篇声明

（1）本书仅供有"脱光"需求的妹子参考，所以认定"这辈子只想一个人过""男人都不是什么好东西"的就不必往下读了。

（2）本书仅供有主观能动性的妹子参考，所以认定"相爱是缘分，守株待兔就行""女人主动就是犯贱""我就是我，不能改变"的也请止步。我认为主动没错，但是作为一个妹子，咱们应该有妹子独特的主动方式。

目录

序 这是最好的时代，也是最坏的时代———— 1

第一章　发现优质男

优质男是什么？他们都在哪儿？———— 2

我是什么？处于什么位置？———— 11

案例：大学球场搞定高富帅学长———— 22

第二章　接触优质男

完美初见，"第一眼"相亲技巧———— 32

步步为营，"第二眼"勾引技巧———— 38

案例：办公室回头草啃回小鲜肉———— 41

目录

第三章　套牢优质男

不谈感情,成年人只谈利弊————♡ 48

小"作"怡情,大"作"伤身————❤ 57

案例:大龄路人女一语定乾坤————♡ 67

第四章　热身运动——吃透彼此

纯情撩骚,你到底是哪一款————❤ 76

长情短情,他又知是何许人————♡ 84

第五章　恋爱进行时——控场节奏

全场调度,敢问你算哪根葱————❤ 96

隔空喊话,网络电话两手抓————♡ 105

案例:柔弱小白兔变身霸气女王————❤ 115

第六章 久攻不下——高冷主动

　　骚扰成本，姑娘你省着点花————♡ 136

　　聊天功力，化无聊为有得聊————♥ 146

第七章 利落收官——拒与被拒

　　吃回头草，不好吃就别吃了————♡ 160

　　彩礼嫁妆，这跟爱情没关系————♥ 169

　　案例：单蠢女四进四出吃一颗草————♡ 174

第八章 技术总结——同志尚需努力

　　美体瘦身，减肥从来不是事————♥ 184

　　有情有趣，欲罢不能"小妖精"————♡ 193

　　大道不拘，万卷书并万里路————♥ 209

附录　小圈絮语————♡ 219

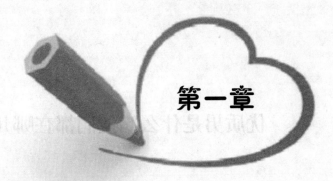

第一章

发现优质男

我相信一点，任何恋爱的开始必须有一方要流氓。不是白娘子下雨，就是董永偷衣服，谁先主动搭讪并不重要，重要的是最后他有没有到我碗里来。所以，我不介意先下手，因为，不下手就没有以后的故事了。

♡ 优质男是什么？他们都在哪儿？

第一个问题：优质男是什么？

高大俊朗、有房有车的"妈宝"（凡事都听妈妈话的大乖乖）算不算优质男？

一米六不到、年入百万、体贴温柔算不算优质男？

富二代、家底殷实，却一分钱到不了你手里算不算优质男？

凤凰男、前途无限、家人明理算不算优质男？

所以，"优质男"从来都是一个复合定义，在相亲或相处之前最好不要给对方贴标签，标签太多恰恰是很多人剩下的原因。高大俊朗的好找，有房有车的好找，学历高的好找，会做饭的好找……问题是，当这些条件全部合并起来求一个交集，就非常不好找了。

说不嫁个子矮的，王思聪要是一米六你要不要约？所以，初步筛选时，请宽限优质男的范围，看人看长处，不要看短板。

另外，有些男人明明各方面条件都不错，一把年纪了却没被小姑娘抢走，说不定有什么问题。比如，花钱是不是很抠门，情绪是不是很波动，同事圈里是不是一朵奇葩，关起门来和在外面是不是两张脸？这些你从条条框框里面是筛不出来的。

其实，优质男最重要的，是符合以下三大特征：

1.善良平和。

如果和一个男人结婚是你这辈子最大的投资，那么这么大的赌本你必须注意的就是风险控制，而风险控制的关键就是保护自己，即使从这段感情中退出，也要保证脸是脸鼻子是鼻子，胳膊腿儿都健全地退出。

善良平和意味着即使你跟他分手，他也不会举着菜刀砍你全家，不会拿着硫酸堵在你下班的路上等着泼你；意味着你就算赌输了，输掉的最多也不过是时光，而不是性命。别说这样歇斯底里的疯子少，少归少，一辈子让你碰上一个就够你受的了。

那么，如何看出一个人善良平和？

首先，你可以看看他对待弱者的态度。喜欢猫猫狗狗的男生、掐一朵花都不忍心的男生、对小朋友温柔的男生、对老人家有耐心的男生，多半心怀善念。

其次，你可以看看他在逆境时的情绪。比如超市排队排了很久时是否心平气和，做了很久的模型被毁掉是否暴跳如雷，讨论问题时被你连续反驳是否会不自觉地提高音量、情绪激动？你要嫁的人，是和你未来几十年朝夕相对、甘苦与共的人。那几十年里，必然不会天天如恋爱时那般美好，遇到挫折时，那些在逆境中也淡定、坦然的男生，更容易顺利度过。

2.具有责任心。

如何看出一个人是否有责任心？

跟有些男人谈恋爱，像是在带儿子。说好去逛街，他问你去哪里；说好去吃饭，他说了一句"好呀"就没下文了；口口声声说想和你一生一世在一起，却上班磨洋工、下班打游戏，觉得以后两人挤在小出租屋里就可以共度一生。

而跟另外一些男人谈恋爱，你就像是跟老爸在一起的小女孩，你只需说一声"周六有空"，他就会规划好全部行程和活动，然后问你吃中餐还是西餐，电影看哪一场？

这些对于热恋中的女孩来说或许都是小事，然而在将来却意味着巨大的工作量。这意味着，在这一辈子里，小至家里油瓶倒了有没有人帮你扶，你拖地的时候那个人是抬抬腿继续看电视还是站起来帮忙；大至买房子时十几个楼盘是一起去跑还是他躲在家里吹空调，装修的时候互相出主意还是你焦头烂额他悠闲看戏。

归根结底，都是责任心的问题。一个做男友的责任心，将来是做丈夫的责任心，做父亲的责任心。

责任心强的男人，事业多半不会差，你们也不会太穷。因为责任心让他容不得自己至亲的家人过得太差。

3.逻辑严密。

逻辑是一种能力，吵架的时候最容易看出来，当然前提是你也是一个有逻辑的人。

试着讨论医保的中美差异、枪支合法化以及阶层流动固化等"高大上"话题，如果你们争锋相对，越聊越有话题，越聊越深入，而不是聊得鸡同鸭讲找不到北，基本可以确定男生有逻辑。

再举个例子，如果你吐槽他为什么买那么多书都不看，他若是回答："因为买书的时候不确定书是否好看，看了才发现不值得看，是一种对时间的止损，所以我不觉得买书一定要看。"便是有逻辑，很能说服人。若是回答："我就是喜欢买书。"或是："又不贵，随便买的。"便是没有回答到你的问题上，算是没逻辑，因为他根本没正面回答你的问题。这次你忍过去了，他下次继续买，你还是会不爽。矛盾埋下了，总有爆发的一天。

逻辑能力强的人，智商、情商都不会太差，所以找男友时看学历、看工作的确是一种好办法。工作三五年的男人，如果还是入不敷出、自顾不暇，前途又不咋地，可以直接淘汰了。

重视逻辑的另一个原因是，两个人组合的家庭，就像异体器官移植一样，日常生活总有磕磕绊绊、彼此看不顺眼的地方。如果另一半是个逻辑强的男人，代表着不管你们有多不同，都可以理性沟通，而不是情绪化地发泄。逻辑可以让你们在家庭构建上不断自洽，融为一体。

综上，优质男必须符合以上条件，只要符合了，有钱没钱、上进不上进、是否凤凰男都不重要了。没钱可以赚；不上进也未必不能衣食无忧，日子过得云淡风轻；凤凰男也可以通情达理。

下面进入下一个关键议题。

第二个问题：优质男去哪儿了？怎样找到他们？

在此，我们先给出优质男坐标三大定律：

定律1：优质男是扎堆的，有自己的圈子。

定律2：优质男和优质女在一起。

定律3：优质男偶尔会游走在圈子边缘。

由此可得出如下结论：

（1）根据优质男坐标第一定律，要找到优质男，最好打进他们的圈子；

（2）根据第二定律，打不进优质男的圈子，就打进优质女的圈子，捡白富美剩下不要的都比随便一个路人级别的要好；

（3）根据第三定律，如果你实在太逊打不进那个圈子，就在圈子边缘守株待兔，等优质男偶尔出来"体察民情"吧。

下面我们先讨论第一条如何操作。

我们先把人际圈分一下类，无非以下几种：

家庭关系的血缘圈（血亲圈、姻亲圈）、同学圈（小学同学圈，高中、大学同学圈，课程培训圈）、职场圈（同事圈、客户圈、同行圈）、同好圈（兴趣爱好圈等）、其他圈子（邻居圈、老乡圈等）。

而这些圈子，偶尔可以衍生出更多的圈子，比如爹妈的同事圈、同事的爹妈圈、客户的同学圈、同学的同好圈……零零总总，这么多人加起来，起码几百个人。

需要注意的是，这些圈子里除了直系亲属，其他人如果你想建立强有力的联系，起码要有两个圈子的重合。比如你在大学里遇到老乡，特别亲切吧；你在公司遇到跟你一样喜欢打羽毛球的同事，亲切吧；你在羽毛球场发现一个人是同行，也亲切吧。

此时，如果你自己条件尚可，在这些圈子里就会出现优质男。比如我本科时在一所985大学，学校在某一线城市，平时经常会有一些同学会、校友会的活动，明说是讲座、电影、音乐会、郊游什么的，实际上非常适合拓宽朋友圈。毕业后我进的公司也还可以，所以公司里的各种打球群、郊游群、电影群也必须加入。

如果你觉得自己大学没有校友会，公司也没啥活动，那么就要寻找"衍生人际圈"。比如你有20个同事，里面总有一个最接近白富美或者高富帅的，假设她是A，按照正常逻辑，A的所有圈子的平均水准，都会比你的所有圈子的平均水准高一些。所以，抱大腿啊！抱住大腿后，你慢慢接触A的圈子，从中挑出一个最高级的圈子，继续往里走。

其实这样走六七个圈子，如果你做的都是最优解，差不多离马云也不远了。不过现实往往没有这么美好，我只是介绍一个思路哈。关于怎么抱大腿，稍后详解。

一旦发现一个优质男，请本着"优质男总是和优质男在一起"的原则，努力发展长线联系。或许你不喜欢他，但是他身边极有可能聚集了一大批条件相当的死党。这些死党，以及这些死党的死党，是一片广阔的市场。

接着我们讨论第二条如何操作。

其实打进白富美圈子比打进高富帅圈子要容易多了好吗？请默念这句话三遍。

无论怎样，同性之间，尤其是女同胞之间建立友谊，总比异性建立友谊要容易得多。注意我说的是建立友谊，不是维持友谊。跟白富美建立友谊的关键就是清楚自己的小跟班地位，不要对白富美构成威胁，同时又要有点眼力见儿，烘托白富美的同时也不能给白富美丢人。

一旦你在白富美圈子转悠了，遇见高富帅的概率就会大大增加，把自己收拾得整齐一点，记得把"好穷啊"挂在嘴边，用掩护性的哭穷来掩盖你的真穷，半真半假。

在聚会上专注听人讲话，安安静静递纸巾，保持微笑，不失时机地补充几句一针见血的话，让你的温良贤淑和机敏会看眼色优先映入优质男的眼帘，这样一来，将来家境啊，背景啊才不会成为关注的重点。

什么？你说你不会看人眼色？那你长得好看吗？要是不好看又没脑子，你以为优质男都是"马桶"台的鱼塘王子吗？谁告诉你优质男都喜欢金鱼眼、无辜脸、爱撒娇的白兔小女主？不好看就多读书吧，这年头大家都不傻是不？

补充几句，血缘圈、同学圈、同事圈其实往往人脉有限，而且人脉质量跟你自身的水平也差不多。但是，同好圈这种是有很大概率出现意外的。比如，几个女生一起说减肥，就是个共患难的坚固圈子；一起粉棒子，也是一个坚固的圈子。当年为了勾搭某白富美，我硬说自己粉某棒子天团，强忍着陪她看演唱会，装欢呼，现在想想自己当年也是蛮拼的。

有人说自己是"死宅"，不喜欢交际怎么办？其实这种圈子的发展路线是完全可以照着个人喜好来的，"死宅"完全可以发展二次元圈子、腐女圈子。通过网络交友的，记得一定发展同城的妹子，一来妹子对你骗财骗色的几率比较小；二来同城是可以发展真人朋友的，真人朋友才有带你开拓圈子的可能。一直在网上说话的，关了电脑谁知道你是人是狗？

再啰唆两句，明知自己"死宅"又想交男朋友的话，请牢记两个字——出席。一定要出席！

大学里是不是有些无聊的课上了跟没上一样？但是如果你真的不去上的话，你会发现上课和没上还是有差别的。你是不是觉得出门了、活动了也不一定会遇到真命天子？但是如果你不出门，你会发现你一定无法遇到真命天子。总之，任何活动，不管有没有收获，"出席"是第一步；起床，换掉睡衣，画个心机裸妆，这是第二步。

现在我们讨论第三条如何操作，打不进高富帅、白富美的圈子时，怎样在边缘守株待兔？

我是金牛座，用典型的金牛座思维就是：

（1）我不在乎钱，我只在乎我是否喜欢他；

（2）我不喜欢穷到死的人；

（3）不要觉得穷人就不花心了，到头来他们不但花心，还穷。

所以这个话题就转变为——有钱人什么时候会出现在普通人也出现的场合？这些场合是什么？我应该以什么样的状态出现在这些场合？

我没办法和高富帅住同一款房子，开同一款车。但是，或许我们可以用同一款手机、同一款钱包，看同一部电影。这不就是某些品牌的手机、包包盛行的原因吗？用可以承受的价格享受土豪级别的待遇。

这个原理还可以运用到给土豪送礼上。一不小心有个高富帅男朋友，他生日时给他挑礼物，贵的买不起，便宜的又送不出手，怎么办呢？答案很简单：在均价很便宜的物品中，买最贵的。比如，你买个1000块钱的钱包，人家不放在眼里，但是你买个600块钱的大牌设计手抄本，买块1000块钱的手帕，就非常有面子了。

那么，什么样的社交圈里的人会喜爱这些大牌手抄本和手帕呢？

（1）小众的关于生活非必需品的兴趣爱好圈——简称闲得发霉才玩的同好圈。比如品茶、品香、料理工作室（15个人一堂课的那种，有钱太太不要太多），还有射箭、剑道、定向越野这类需要一点点资金门槛的运动，以及模型手办（这个年龄层偏低）、健身塑型（不要去减肥圈，要去肌肉塑形的圈子。因为减肥圈鱼龙混杂，这年头是个女的就嚷嚷减肥，但是肌肉塑型一般是需要认同紧致的形体美并请私人教练的，有品味和钞票的门槛）。

大城市还会有一些商家定期举办会员活动，可以多多关注。比如燕窝店、调香工作室之类的，一听就是高大上的圈子，能去转转就去转转。这种活动一般不需要你买燕窝、买香水，很多是免费品尝或者免费试用，完全可以去见识一下。扛不住了可以再逃回来嘛。

始终要注意的是，对这些圈子刚刚认识的陌生人，要本着特别友善的态度。

如果是太太，就夸她人年轻，保养得好，老公能干，儿子聪明，一旦她开启晒娃模式，千万要鼓励她，不停地夸她娃好看，反复感叹"我以后也有这样的孩子就好了"。

如果是白富美剩女，就夸她工作好，能力强，不管多丑多没人气，都要说她眼光高看不上别人，她吐槽任何男人，都要表现出义愤填膺的样子。

再有，对外企加班狗哭穷，对公务员、国企的哭忙。

这样，你交朋友的速度会非常快。

这些圈子中优质男出现的几率也比公交车、大马路上高吧。当然，这些圈子都需要一点资金投入，资金本身就是一道门槛，筛除条件太差的人。

以上圈子的花费大致在300~800块钱一个月，上不封顶，如果压力山大，觉得这个消费都无法支撑的话，请看下文。

（2）穷鬼文艺圈。

这么多人玩文青，是因为只有文艺可以掩盖穷酸味。

文艺圈的很多活动都是不怎么花钱的，每月100块钱都绰绰有余了。比如咖啡馆的小众电影品鉴会、小书吧的作者签售、门票半卖半送的小话剧等。

另外，还有当地知名大学的校友活动。我觉得名校虽然渣男多，但是优质男也多。如果认识一两个这所大学里的朋友，不拘男女，挤进他们的圈子去参加活动，只要你是女的，参加的不是正儿八经的相亲，而是顶着各种郊游、鉴影名义的活动，那么被搭讪的概率是非常可观的。

♡ 我是什么？处于什么位置？

为什么我明明条件不错却没人追？这个问题实在有太多人问了。

虽然有很多人反对把女性作为商品，但是事实上当你等着被人挑选的时候，从某一种角度来说，你就是一件商品。婚恋市场上的大多数等人追的女性，就业市场上坐等offer砸中的求职者，都可看作商品。

如上设定，对于婚恋市场上的女性而言，被人追无异于超市里的货物被人买走。

那么为什么会有不错的商品卖不出去的情况呢？

1. 卖相不好。

你有没有丑得丧心病狂？

大多数女孩稍微收拾一下都能达到至少路人之姿，即使说不上好，但也绝对说不上丑。据我多年以来的鉴脸经验，只要鼻子不是猪鼻子、大蒜头，脸型没有逆天，其他不管怎么样，收拾得清爽宜人是没问题的。太丑的话，真的只能多读书了。

你有没有特别没气质？

气质这东西摸不到抓不着，有点"只可意会，不可言传"的味道。现实中真的有很多妹子不自知，走路时肩膀一高一低，弯腰弓背的；坐下来的时候背部不够挺直或者双腿不并拢，四仰八叉的；吃饭吧唧嘴的；还有穿高跟鞋膝盖不打直的，简直惨不忍睹。

最头疼的是这种"惨状"妹子本人并不知道，家人从小看习惯了并不会特意说，同学和朋友碍于情面不会点破，所以街头经常可以看到各种"奇形怪状"的妹子。建议路过任何玻璃墙幕和镜子时，都看一看自己在镜子里的形象，可能会吓一跳哦。

对此我的建议是，随便学个什么舞蹈吧。成人芭蕾、现代舞、国标、民族舞都可以，保证你不出一个月就挺胸抬头、精气神儿都出来了。当年我曾草草学过几个月的爵士和伦巴，效果很不错，尤其是爵士的几个招牌动作，泡吧、K歌时简直无往不利——偶尔也要撩骚一下嘛，否则天天一本正经的，太寡淡也不好，不信你看"绿茶"们都是平时清纯，骚起来一点都当仁不让的。

推荐一部电影《黑天鹅》，剧情我不太喜欢，但是大家可以去体会一下剧中白天鹅和黑天鹅的差别。大多数女人喜欢白天鹅的风格，大多数男人喜欢黑天鹅的风格。如果想招异性缘，打扮自己的时候多体会一下男性的眼光。

你有几件衣服？

衣服其实不是很重要，大部分衣服是用来吸引女人的，好身材才是用来吸引男人的。

"买一堆淘宝货还是买一件商场货"之类的问题，真是太狭隘了。像我这种人经常是买一件淘宝货的好吗？直男眼里哪里分得清什么质感啊，牌子啊，腰细、胸大、屁股翘比什么都重要。

有关减肥塑身的话题，在本书的最后一章里会详细讲到，这里就先简单说4点：

（1）不要节食减肥，男人喜欢肉肉的姑娘，一身松垮垮的细肉瘦了也很丑。而且过度节食的话容易导致绝经哦。不要被矫情的舆论带坏，我身高165cm、体重112g，感觉非常好。

（2）不要害怕有肌肉，你知道作为妹子长肌肉有多难吗？我吃蛋白粉都练不出来好吗？

（3）不要自己瞎练，找健身教练听取专业意见比什么都强。

（4）什么？你说你懒癌晚期？不想现在花时间好好念书的人将来总会有时间去搬砖。同理，现在不想花时间健身的人，将来总会有时间去天涯哭诉为啥我没人要；现在不想花时间维系家庭情感的，将来总会有时间去离婚。

在这个基础上，培养正常点的审美就行了。以下为个人的一些分享，信不信由你。

我个人的春夏装在淘宝搞定，单价100~400块钱不等，冬装都去商场买，一年小于等于一件，折后价四位数起步，因为冬装真是价钱撑起质感。当然你要是有钱的话，全部买大牌子的衣服更好。

另外，尽量保证买的衣服都能穿，体型稳定的话每年其实添置不了多少。这不是钱不钱的问题，而是每挑一件衣服平均花费的时间其实是蛮多的，如果不穿就意味着你又要花时间去买新的衣服，真的太浪费青春了，有时间可以看书，看电影，做点什么不好？尤其买衣服往往是和女生一起去买，两个女生出门，被搭讪的机会都不高。

2. 用户体验不好。

你在超市里看到一个外形不错的茶杯，想买，于是伸手去掂一掂，发现分量不对，手感不太好，仔细一看，发现里面的漆刷得歪歪扭扭的，于是你就放下这个杯子，去找其他杯子了。

有一部分女生就和这个杯子很像。

看着挺好的，也有人跟你搭讪，就是不管什么人，一个月后大都会销声匿迹。

我就知道这么一个，是个妈宝妹子，三句话不离"我妈说"，对年轻人的网络世界不了解，不上网，不喜欢玩手机，不经常看电影，业余喜欢弹琴。对的，她真是人美气质又好，可那又怎么样呢？男生跟她可以交流吗？有一次我跟她逛街时说了句："那个男人走路的样子好娘哦。"结果她转头问我："什么是'娘'？"唉，无力。

还有一种是不会说话。

这种人知识结构和逻辑能力都在平均线上下徘徊，或者离平均线不远。但是，见了男生就紧张、害羞，不知道怎么说话。建议这类人，平时多看看主流的电影、电视剧，关注一下国家大事，在手机里安装一个看新闻的APP，保持对周围事物的敏感性，这些都可以成为你聊天的话题。

害怕冷场的话，就主动聊对方擅长的领域，比如对方的工作、爱好等。在听对方讲话的时候注意细节，多提问，诸如："这个是为什么呀？""这个和那个有什么差别呀？""你怎么知道的呀？""后来呢？"这一方面显示你很认真地在听，另一方面就是用来拖时间。

不过这些都是治标不治本，所有五分钟内能掌握的技能都是雕虫小技。我见过的聊天有趣的人都是阅读量非常广泛的，没有上百本正经书的阅读量，绝对垫不出一个有趣的脑子。多看书吧！

如果你还是不想说话，那就看着男生，微笑、保持淡定。他是男生，他有义务寻找话题，他一定比你急。

还有一种就是冷场女王。

会说话，就是说什么都无法激发双方说话的激情。

这也算是一种不自知的个性，骨子里觉得对话只是对话而已，就跟走路、洗脸一样，只要继续下去就可以了。但其实对话的双方都负有把话题继续下去，让气氛更热络、关系更融洽的责任。你需要意识到你有这个责任。

如下对话大家自行体会。

男：一起去看××电影吧。

女：好啊。

男：周五晚上7点半那场怎么样？

女：好的，晚上电影院见。

男：好。

以上这段对话就是除了信息交流以外，毫无情调可言。

而在下面这段对话中，就是女生有意识地激发了男生说话的欲望。一个男生如果愿意对一个女生滔滔不绝，等他想起你的时候，必然是嘴角带着微笑的。

版本1：话题的纵深。

男：一起去看××电影吧。

女：好啊，这部电影我很想看呢，想到一块儿去了！（开始试探）

男：嘿嘿，我是比较喜欢这个导演，他的×××我很喜欢。（试探得到回应）

女：是吗？我听说过，没看过这个。你再说一遍什么名字，我记下来，回去搜搜看。

男：叫×××。

女：哦，就是×××啊，我好多朋友都跟我推荐呢，都说超级好看的，可惜我那时候没时间。

男：哎呀，那个片子剧情很棒的……

版本2：话题的延展。

男：一起去看××电影吧。

女：好啊，我也想看这个！（开始试探）

男：我只是觉得这个时间比较好。（好像不太好接话呢）

女：哎呀，其实我也不知道这个片子好不好，可是同事们都在讨论呢，我不看都没办法跟他们聊天啦，正好去看看。（把放出去的试探收回来）

男：那周五晚上7点半的场怎么样？（这个时候男生会比较开心，因为

他随便的选择获得了认可）

女：要不要顺便一起吃饭？（注意，是顺便吃饭，不是我想跟你吃饭，这是比较不刻意的邀约表达）看8点的好不好？

男：可是我下班比较晚。

女：我可以等你的嘛，你想吃啥？

男：小龙虾。

女：哈哈，又想到一块儿去了，我上个礼拜还跟我妈说要吃小龙虾呢。

男：哈哈，我也是，快过季了，再不去吃就来不及了呢。

说话要热场，无非是让对方愿意说，那就要先知道对方愿意说什么。人当然是愿意说自己喜欢的、擅长的，以及一些喜闻乐见的。所以要在对话中找机会套出对方乐意说的东西。这在最初认识的前几天里显得尤为重要，知道他的喜好，然后投其所好，就很容易获得对方的好感。

版本1里面，女生发现男生喜欢某个导演的时候，紧抓不放，把这个话题顺着男生感兴趣的方向纵深下去，做垂直方向的拓展；而版本2中，女生因为试探不出男生的喜好，所以干脆不聊电影了，聊吃饭，这是把话题平面转移到另一个区域内，是一种水平方向的拓展。

以上两种话题转移方式都可以起到持续对话，并使对方聊天兴致保温的作用。

3. 定价太高。

这个问题严重到无以复加了。

最典型的调调就是"我身高一米五，要找个个子高的改善一下基因"，以及"我月收入才两千，要找个有钱的否则养不起家"。

你焉知身高一米八的愿意找个一米五的，把他好好的基因削弱掉？你又焉知月入12万的土豪愿意无私奉献，娶了你支援国家扶贫事业？

人总是跟差不多的人在一起的。门当户对，有其深刻的存在理由。我还是倾向于自己是什么人就找什么人，找个各方面都匹配的人。如果婚姻媒合能够给双方的外貌、家世、学历、收入各项都打分再PK的话，我是觉得找各科分数都接近的人比较好，而不是总分接近。

比如我学历高，但是我穷，找个学历低的但是有钱的，远不如找个学历差不多钱也差不多的。我想大多数姑娘还是希望婚姻稳定、家庭幸福吧，除非你是《失恋三十三天》里面那种有钱就开心、没啥精神需求的妹子，那也不错。

在定价上，很多人觉得女生年龄太大会折价，甚至收入太高也会。

这其实是一种很片面的看法。年龄从来不是独立存在的一个属性，随着年龄的增长，人会变得更成熟，更有钱，更会看眼色，更会说话，简言之，年龄的增长是很有可能伴随着魅力的增长的。更重要的是，越是成熟有才能的男性，往往对女性魅力的要求（而不是年龄的要求）更高。

一个22岁的愣头青小妹，和一个32岁的知性熟女。

一个22岁、月收入2000块的小企业文员小妹，和一个32岁的大公司行政总监，在婚姻市场上谁胜谁败？真的很难说。

我是想说，对于跟你魅力相同的人，或许年轻的妹子更有优势，但是我们应该跟自己比。如果年龄不是虚长，年龄的增长伴随着你的智慧、气质、自信、财富、阅历的增长，那么年龄的增长并不会成为我们焦虑的理由——我们还是在成为更好的自己，而更好的自己能找到更好的男人。

另外，每个人对商品的某些特质的定价加权是不一样的。所以，只能是对不同的人定不同的价。

比如有人一定要有北京户口的，有人一定要本地人，有人非常在乎脸，而有人觉得学历很重要，因人而异。因此，如果你有北京户口，而对方毫不在意这个，那么这个定价加权就可以取消了。再比如，我对男生外貌没什么要求，如果对方觉得"我这么帅，配你绰绰有余"那就错了，帅在我这儿只能加1分，百分制。

如果你想知道自己的真实价位，不妨找三个人给你介绍对象。当你知道他们给你介绍的男人在你眼里是什么样子的时候，你就知道自己在中介人眼中是什么样子了。

4. 没有上架。

"死宅"们统统给我过来！

一边办公室一边家，"两点一线"，双休日大中午起床，下午看综艺晚上补番，然后说自己没人追的妹子，请问你是在等送外卖的还是送快递的小哥爱上你吗？

不出门就永远没有机会。如果没有人约，哪怕自己一个人出门拜拜月老庙都比你整天宅着好。

还有抗拒相亲的。一相亲就浑身肌肉紧张，话少人冷淡，见完面回家后收不到男生短信就说人家不喜欢我。的确，你是不那么讨人喜欢，但是你不能主动一点吗？前阵子还有人问我："不是说第一次见面不要主动给男生发短信吗？"

我想说，只要不是太赤裸裸，主动一次是可以的，两次也是可以的，三次以上就不太好了。那么高冷就别去相亲，女生的不主动从来都是以"让男生更主动"为前提的，类似往火堆上洒水。火旺了，洒点水会更旺，但是火还没烧起来呢，小火苗儿恹恹的，添柴火还来不及，就一小勺水撒上去，肯定立马就给灭了。

主动的时候可以给自己找找借口，比如："朋友从法国回来给我带了不少零食，可惜最近健身不想吃甜的呢，可不可以给你，你帮我把点心吃掉？"至于你有没有这个朋友，这些点心是你吃不掉的还是舍不得吃专程海淘买的，谁会知道呢？对你有意思的话，他会领情的。

或者周六发个消息说"在××逛街呢，突然想起这里离你家是不是很近"，注意最后一个字后不要打问号，为什么不要打请君细品，有差别的。

如果男人说"哦，好兴致啊，买了很多吧"，那就算没戏；若是他说"本来应该约你喝个茶的，可惜正在做事实在忙不开"，那就是还有戏。

那些鄙夷心机女又被心机女抢男人的，鄙夷起来第一个吐槽的就是"可主动了，赶着贴着上来"，那又怎么样，贴到算我赚了，贴不到也不亏，世界这么大，大不了不成功江湖两相忘，我再找下家呗。

另外，上架不仅仅是一种行为，更是一种心态。

不是你妈让你去相亲，你换身衣服出门见一面然后回来整天心里嘀咕"那人怎么还不联系我呀"，而是闺房里从梳妆打扮开始就虎视眈眈，"这男人我一定要拿下，等不喜欢了再甩""只有我甩男人，没有男人甩我"。

很多人有过这样的惨痛经历：头发没洗妆没化，没成想出门遇到男神，简直痛不欲生！所以尽量做到时刻准备着，时刻准备被桃花砸中。我会告诉你在没人的办公室我曾经发现牛仔短裤的拉链开了，然后犹豫了下没有去洗手间而是随手拉上，结果被刚刚进来的男神看到吗？当时男神尴尬地别过头去，我当时好想去死一死。

把自己投入社交世界吧，你会发现两条腿的男人到处都是。

5. 架位太差。

这很多是属于客观原因造成的。比如工作地点太偏，或者工作太忙且工作场合没有未婚男性。工作地点太偏，你至少下班可以出来啊；工作上没有合适的，你还有工作以外啊。

还有些人明明工作场合能接触到很多男生，问起来却都说没有合适的。甚至我的一个同事也这么说过，我说那个某某不是没结婚吗，还有那个某某。同事一脸迷茫地说了句"他呀……"就没有下文了。

你不把别人当男性，他会把你当女性吗？

但是这里有一群是真的属于老大难——三线城市高学历"白骨精"。我的很多牛气哄哄的女同学回到了她们的家乡，大多是在政府机关工作，三线城市的公务员福利比较好，社会地位也高。这种情况下，她们往往没有办法苛求对方的学历了，自己大学985也要找个985，自己硕士也要找个硕士甚至博士，极难。要知道985硕士男在三线城市混的，真是少之又少，难得有，往往也是在大城市混得不如意逃回来的。

6. 过期商品。

什么样的商品不能用了？就算是接近保质期的商品还有打折区呢？

所以除非人死掉，否则就一直都在保质期。

7. 目标用户太明确。

我大学时的一个室友相亲，要求身高175以上，老家江浙沪，理工科专业，家中独子，爱好运动，孝顺老人，家中有房，月入15k+。这些要求单从每条来看不算太高，可是全部加起来，生生把她的目标市场划分得很小很小了。

女生是很感性的动物，往往一旦遇到那个对的人，所有条条框框都毫无意义。既然如此，还不如一开始就不要设定的好。那个室友最后嫁给了一个遥远的大东北过来的180的汉子，文科，没房，博士在读，月入1700。

如果占了以上原因中的一个以上，并且无法改变现状，怎么办？

那就改变自己的商品地位，把男人当成商品，我去挑。这也是我自己一贯以来做的，我喜欢挑人，喜欢不管不顾先拿一堆offer然后一个个比较。我不喜欢被人挑。

问题是"挑"这个词，有个大前提，就是挑的那个人，必须有大于或等于两个的候选人，才能有"挑"的能力。

对此，我的建议是，有这份工夫也愿意去花心思的妹子，不妨培养一整批的备胎军团，数量维持在20个左右。听上去好像挺难的样子，其实做起来并不太难。

这个军团的人可以从大学开始就做备忘，多多少少总有些对你友善对你有好感的人，脸皮厚，就主动点问他们要个QQ号、微信号，关注他们常用的社交平台，把自己的QQ设置为天天上线，把各种头像都设置为本人照片。记住不要隐身，没事在微信发点儿无关紧要的事情。

平时也不用多联系他们，在毕业的时候问候一下去了哪里，在他们发图发文说生病的时候关心地说一句"保重"，在他们的朋友圈点赞，转发他们的微博。反正键盘侠嘛，维护这种浅浅的关系并不吃力。这种非常泛泛之交的联系，一个月保持一次也就足够了。

重点在于撒大网捞鱼，总有些人会跟你联络的，你也就维持着普通交往就好。因为他们只是朋友，所以不管你中途是否有男友，是分手是热恋，都可以一直保持关系，同时你别把自己的每一次恋爱、失恋都秀出来，自己在社交网络上保持一个低调神秘的形象。我的确是不懂那些没事在微博、微信秀恩爱的姑娘，秀恩爱也意味着对备胎的伤害好吗？

在多年的时间洗礼中，他们中有些人会有女友，会结婚，会从你的名单中消失，你也会在自己新的日常交往中，不断添加新的人选来充实这份名单。

到你觉得是时候需要动用这批资源的时候，拖出几个出去喝茶就可以了。有二十个呢，总有一个可以发展的。如果你结婚了，记得把这些人都介绍给好闺密，也算功德一件哦。

♡ 案例：大学球场搞定高富帅学长

　　此人腿长腰细，就叫他"青蛙"吧。我和青蛙君的相遇非常符合之前说的圈子套圈子理论，当你和一个人有两个以上的圈子重合时，建立联系是非常容易的。我和他是大学同学，我们都喜欢打羽毛球。我在大学的羽毛球馆遇到他，被他的大长腿和胸大肌惊艳到了，觉得非常有必要发展一下。

　　连续一个月在羽毛球馆踩点以后，我终于摸清了他出现的规律：每周三、周五的下午3点20分左右，在下课前10分钟场地人满为患前来打球，一直打到5点，然后坐学校班车离开。所以，可以确定他不是这个校区的人，是大三以上的学长。

　　我相信一点，任何恋爱的开始必须有一方要流氓。不是白娘子下雨，就是董永偷衣服，谁开始"勾搭"谁并不重要，重要的是最后他有没有到我碗里来。所以，我不介意先下手，因为，不下手就没有以后的故事了。

　　当然，作为一个妹子，不管有多饥渴，吃相必须好看。

　　下午3点20分，他出现，开始打球。

　　下午4点25分，我和死党出现，看到汗流浃背的他。不得不说球馆真的不是一个适合勾搭的地点，网球衫、满头汗，要多没形象有多没形象。

　　我穿着低胸收腰的网球裙，敷着小心伏贴的粉底，化了个心机裸妆，相信我，是个直男一定看不出来我化妆了。

　　不出意外，这个时候球馆已经满了。我们坐在青蛙所在的球场边，装作无奈的样子等场地。过了一会儿，我对死党大声说："我们去问问他们能不能双打吧。"

死党点点头，于是我跑到隔壁的球场和那个球场的男生轻声说了几句话。其实我问的是"有没有冰敷袋？"是个人都不会带这玩意儿的。于是，这边所有人都没听到我问什么，但都看到那个男生摇了摇头。然后我一脸沮丧地回头对死党说："不行啊。"

这句话是一边走一边说的，要保证青蛙君可以听到。

我在期待青蛙君邀请我们加入，如果他稍微长点心的话。

可能是我不够漂亮，沉浸在运动中的青蛙君毫不理会我们的"小剧场"。

死党上前道："同学，请问你们大概还要多久？我们不是催你们，就是想确认一下，如果久的话，我们就不等了哈。"

青蛙君终于正眼看了我们两眼，然后又抬手看看手表，大概是4点30分，离他离开还有半个小时，不长不短。没有长到足以让他拒绝我们，也没有短到足以让他现在就主动离开。

"我们还有半个小时坐班车走，如果你们不介意，一起打一会儿吧。"青蛙君道。

我远远的不好意思地低下了头。

死党后来说，那时候她憋着笑憋得很辛苦，我那娇羞的样子和我没脸没皮的真容实在天差地别。

就这样，我们和青蛙君一起打球。快5点的时候我去了趟洗手间，把即将花掉的妆容洗干净，迅速补了一个，辫子拆了重新打一个松松的，擦干净汗，补了点运动香水，然后狠狠往脸上扑自来水，镜子里一副大汗淋漓的样子。

汗水会显得人很油腻，但是自来水伪装的不会。

我回到场上，青蛙说他们要回位于市区的校区了。我忙说："正好我也要去××校区呢。"

青蛙问："你去做什么？那边没有晚上的课啊。"

我说："我要送东西给那边的一个学姐。"

这招我想好了对策，如果他不接，我就坐校车一路跟他聊天套近乎；如果他接了，我就有机会请他吃饭什么的还人情。

青蛙道："大老远的，不如我们顺路帮你送过去吧。"

就这样，我欠了青蛙一个人情。

欠人情是一个很好的开始，因为你欠他了，所以你可以随便对他好，以还他一个人情的名义。当然你可以还得厚重一点，投我以木桃，报之以琼瑶，这样就变成他欠我，于是他又要还我人情，这样你来我往，就容易勾搭上了。

后来青蛙再次出现在羽毛球馆的时候，我就能和他相视一笑了。这样相视一笑的日子，又持续了一个月。从这里你大概能看出我不漂亮了，多么痛的领悟啊。

我就算打扮半天也很难吸引男神注意。真是19岁的少女情怀啊，人家冲我一笑，我能傻乎乎乐呵一晚上。但是像我们金牛座，是绝对不会当面表现出花痴的。

因为送书的事儿，我也有了他的手机号，知道了他的名字，然后我去学校网站和百度把他搜了个底朝天，然后知道他是国际政治系的学长，还是人文学院羽毛球队队长，初中开始获奖无数。

那时候还没有微博、微信呢，我就用了一个月时间，搜到他在BBS的账号，看到两个月前有人问他："嫂子什么时候一起来？"他回复："棉棉在实习，要下个月回来呢。"

我心中陡然一惊，难道他有女朋友了？可是从来没看到过。是分手了吗？我不知道。

于是，我在羽毛球论坛里翻了一晚上他们版聚的帖子，终于找出了那个女生的ID，并记下来。点击记录，发现女孩喜欢三毛，很文艺。

我的男神还是每周两次和我相视一笑，一点进度也没有，正宗的点头之交，我甚至连问他一句"你有女朋友吗？"都会显得唐突。

不过谁让我是主动的人呢，某天打完球，我说去老校区找学姐要自行车，这个他总不能帮我带了，于是在校车上，第一次和他并排坐在一起，有一搭没一搭淡淡地聊着天。

突然我的短信响了（自己给自己发的定时短信哈）。我看了一眼，然后做出非常震惊的样子，假装他说什么我都没听到。半晌我扭过头去，做出一个非常勉强的微笑，道："不好意思，刚刚没注意，你说什么了？"

"你没事吧，很重要的消息吗？"他问我。

我用手捂住脸，哽咽的样子，继续勉强笑道："没什么，我被甩了而已。"

"啊，对不起，我不是故意问的。"他说。

然后我就不说话，一直不说话。下车的时候，我问他："陪我吃顿饭好吗？"

于是我神情落寞地跟他说我分手了，当然故事不是凭空编的，只是把和高中男友的分手事件时间线往后推了两个月。一个被劈腿的女孩，刚上大学，孤零零没有依靠，在他的面前强颜欢笑。

"啊，师姐说她堵在路上回不来了。"我忧伤道，俨然成了一个被欺负的小师妹，"真是抱歉啊，耽误你这么久时间，我还是先走吧。"我说。

注意，"我先走了""我要走了""不打扰你了""我还是先走吧"，这几句话有细微的差别。后者大有"我不想走但是又不想打扰你，虽然很不情愿还是走吧"的意思。

男神毫无挽留的意思。唉，我是有多丑。（捂脸）"

"老校区不太熟，你可以带我出去吗？"

"去哪个门？"

"我不知道，我只想出去吹吹风，随便走走。"我投过一个无辜的眼神，腹诽："我真的这么不堪吗？"

然后他就真的把我送到了门口，就走了！我本来还期待他拍拍我的肩膀什么的。

后来我才知道，这种人叫做摩羯座！

谈恋爱谈过一个摩羯座、一个天蝎座、一个狮子座，你的恋爱史差不多可以算完满了。

但是从那天起，我开始有理由找他QQ聊天了。一个失恋中的女孩，举动奇怪一点也是可以理解的。

一周后他告诉我，他失恋三个月了。

话题一旦打开，就是一个新的世界。我竭尽所能安慰他，他断断续续说着前女友的故事，我成了他唯一可以倾诉的人。因为我不认识他前女友，不认识他的所有圈子，他说什么都可以。他开始每天都会跟我说话，每天联系，说前女友的故事，也说他自己当天遇到的事情。但是他从来没有说起过前女友的姓名，大概也是怕和我有交集。

如果无法让你一见倾心，就只能日复一日，渗透你的生活。

我知道，这样不出一个月，跟我联系就会成为他的习惯。我们的进度很慢，摩羯和金牛嘛，还好我耐心足够。而他，安于接受我的安慰和关心，毫无想进一步发展的样子。

我只好再一次主动，以我的方式。

我连续三天，QQ不回复，手机不回复，BBS不上线，玩消失。

然后，我若无其事地回来。若无其事地跟他打招呼，若无其事地继续说着我们日常的话题。就好像他从来都是我生活中毫不重要的一个人。

我从他的脸上看到了不自在。

"好久不见，这几天你去哪里了？"他问。"哦，周五朋友约看电影，周六周日和朋友们去山里玩了。"我说。

那个看电影的朋友其实他也认识，就是跟我一起打球的妹子，但是我偏不说，你猜，让你猜是不是跟男生在一起。不过，看电影这种事情可以模糊朋友性别，爬山过夜这种就要说清楚是"朋友们"，免得你以为我随便。

很快，他也开始请我看电影。我以为他开窍了，其实呢，他是有求于我。

他说他朋友的生日快到了，请我帮他做一个礼物。很简单，他买一块素绢手帕，让我在上面平针绣一朵木棉花，花样是有图片的，并不难。我这才知道，他的前女友为什么叫棉棉。

一口老血险些喷出来。

当时我想着老天一定很讨厌我，否则怎么会让我喜欢这样一个人。

没错，我默不作声地应承下来，不就是给前女友做礼物嘛，做！

那几天他特别神神叨叨，各种说前女友怎么好怎么好。我一口一个"棉棉姐姐"地应着，各种顺着他心意说"姐姐这个好""姐姐那个好""姐姐很厉害啊"。自始至终，就算他吐槽棉棉脾气大、见识短的时候，我也没有说过棉棉一句不好。

从他嘴里，我渐渐了解了棉棉是个怎样的人。

她是个官二代小姐，跟青蛙算是门当户对，女孩家里究竟娇惯点，跟我这种撒丫子乱跑的不是一个养法。

而青蛙的背景也不是简单的标签官二代。

普通人脑海中觉得官二代往往就是高富帅，那是因为跟普通人相比，人家家境总比我强。高富帅总是和高富帅在一起的，同理，官二代也是和官二代在一起。我眼中的青蛙一表人才、知书达理，可是官二代的世界里，他家区区一个局长根本排不上号。

认识青蛙以后，我方才知道官二代里面也是论资排辈的，好比《红楼梦》里面有宝二爷这样根正苗红的官N代大少爷，也有蔷哥儿这种腆着脸往上凑的边缘小官子女，在刘姥姥眼里这两个都是爷，可是爷跟爷之间也有差别。很不幸，青蛙属于后者，或者说曾经属于后者。

青蛙小时候家境一般，是高中以后父亲官运亨通，家里才逐渐顺起来的。父亲的谄媚，母亲的辛劳，他在亲戚朋友中被轻视，这些都被他一一记在心里。这种情绪积累到一定程度，就变成"我要出人头地，让你们所有人都看得起我"。

这种情绪在我认识他的第一年、第二年里都没有爆发出来，直到第三年，他保研本校，跟了一个更年期导师后，才被我发现。

身高一米八的精壮小伙子，仪表堂堂气度优雅，偏偏玻璃心得厉害。别人随便一个眼神、一句话都会被他解读为"看不起我"，然后他自己跟自己怄气，憋着劲儿誓要做出一个样子来。他勤奋、努力、上进，但这种勤奋努力上进，不是为了自己的未来，而是为了别人的眼光。

这是一个活在别人眼光中的人。

他和前女友分手的理由，就是他觉得女孩不够尊重他，挥之即来挥之即去的，其实人家女孩也就撒撒娇罢了，结果他脸一沉就说分手了。

是的，是他自己提的分手，然后他现在自己沉溺在情伤里无法自拔。

题归正转，总之我那段时间基本上都很乖很乖，然后用不到5%的时间偶尔"作"一下。

棉棉实习回来的时候刚好赶上她生日，青蛙大概是想挽回，就把我绣的手帕送了出去，结果棉棉还在气头上，就把手帕撕了。当然，手帕撕不烂，但是我女红本来就糟糕，那朵木棉花是最简单的平针绣的线稿，一扯就乱七八糟了。

青蛙气呼呼回来跟我吐槽，说那个朋友不识抬举。我非常乖地说："你不要急啊，你朋友只是误会了，我帮你补好再送回去吧。"

然后，青蛙就哭了。他一哭我就知道我该走了，咱啥也不问，你自己折腾去吧。

他是个感情细腻的人，糙汉子的外表林黛玉的心，我想那时候是我的锲而不舍打动了他吧。

我看到他走的时候扔掉了手帕。

过了几天，明显感觉他对我嘘寒问暖关心了很多。

摩羯座就是慢性子啊，这样的嘘寒问暖也是仅限于语言。

话说一个男人，有没有跟你有肢体接触，那感觉是完全不一样的。我很想再拉近我们的关系。

某天他大概是心情好，说请我吃东西，算是对手帕事件的道歉，问我吃什么。我点名要吃学校后门一家饭馆的烤鸭。打完球洗了手，出来吃个烤鸭喝喝饮料，然后各自回自己的校区，这是非常寻常的一天。

他甩开膀子准备开吃的时候，我拿出纸巾，笑着说："伸手过来。"他一脸莫名其妙的样子，但还是伸出手。我说："体育馆的水龙头不太干净，再擦擦手。"

天晓得为了让这个动作自然不做作，为了让我歪头的时候刘海恰到好处盖住大脸，我花了多少时间对着镜子彩排。

给他擦完手，我顺手撸了下刘海，用同一张纸自己给自己手上抹了两下，然后开吃。

他果然觉得有点意外，愣了一会儿。

吃完后我擦干净手，拿出那块手帕说："不要逞强了，我捡回来补好了，送过去吧，既然是你用心准备的礼物，明事理的朋友一定不会怪你的。"

然后，这货又哭了，边哭边说："你知道我送给谁吗？"

"知道啊，送给你前女友吧。"我一定笑得特别大气。

他这下真的尴尬了。

从那以后，他跟我说的所有话里，再也没有涉及前女友一个字。

这个就讲到这里吧。后面没啥值得说的，快进一下，大概就是他表白了，我们恋爱了，过了非常幸福的一年。然后我发现他童年阴影导致性格偏执，他保研了，课题不顺利。他跟导师不合，整天跟我抱怨导师折磨他，同门孤立他。我觉得这些都是他情商低、过于偏执造成的，让他改，他不改，我们就吵架。我提出分手，他拒绝，我不管，出去做了半年交换生。回来当天刚下飞机，他打电话跟我说他跟我死党劈腿了。

然后他跟我死党天天在我面前秀恩爱。毕业后他进了某国企，一个月内迅速让领导鄙视、同事孤立，性格变得更加偏执，后来他干脆回老家去了。上个月他结婚了，新娘不是我，也不是死党。

总之，这是个看上去很优秀的官二代，爱好广泛、性格细腻、身材棒棒哒、作息健康、积极向上。然而，他性格中偏执的成分只在逆境的时候爆发出来，顺境中他春风得意，逆境时就觉得"天下人都看不起我"，极度自卑又极度自傲。正所谓有阴影的男生不能惹。

第二章

接触优质男

所有以"这几天太忙""晚上加班""下个月考试""我人比较内向""我不善言辞"等等为理由的不主动，统统是耍流氓。其实他就是没看上你。正确认识到对方对自己的态度，是在交往中采取有效手段的第一步。

♡ 完美初见，"第一眼"相亲技巧

如何在相亲第一面，稳、准、狠拿下男人？

小标题：论勾魂摄魄的技巧。

曾有不少人问过我一些类似的问题，现将问题和答案整理一下，大致如下：

问：相亲后男生对介绍人说"不错"或者"还可以"，后来也有一起吃饭，但是他回复我消息不勤快，人也不主动，他说他太忙了。我应该主动吗？

答：所有以"这几天太忙""晚上加班""下个月考试""我人比较内向""我不善言辞"等等为理由的不主动，统统是耍流氓。其实他就是没看上你。正确认识到对方对自己的态度，是在交往中采取有效手段的第一步。

依我说，男人一旦看上了某个女人，加班到四脚朝天，还是可以秒回你的消息；哪怕明天一早就考试，看到你的来电还是会欢呼雀跃；再内向的人也会变成嘴炮。举个不恰当的例子，就像狗追屎一样，你赶都赶不走。这，叫做"看上"；剩下的，大多数都叫"观望"。

参加相亲的妹子很多恋爱经验并不丰富（经验丰富的妹子，她早就自己搞定了），很多是乖乖女，听话地念书，听话地上班，听话地剩下，最后只能听话地去相亲。还有一些，是"死宅"。

而参加相亲的男人，年龄往往比你大，恋爱经验也比你丰富。这么一

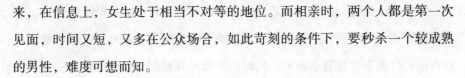

来，在信息上，女生处于相当不对等的地位。而相亲时，两个人都是第一次见面，时间又短，又多在公众场合，如此苛刻的条件下，要秒杀一个较成熟的男性，难度可想而知。

怎么办？

我们照着顺序说。

相亲第一步，往往会有一个介绍人发出邀约。可能是直接见面，但是现在也有可能是给一个手机号或者QQ号。在你听完介绍人对对方的大致介绍后，觉得可以了解一下的时候，不管你手头有没有对方的联系方式，请坚持要介绍人让对方加你。

一则你是妹子，有必要矜持，塑造你迫不得已总是被人逼婚，而非嫁不出去没人要的假象。

二则对方加你的时间是不确定的，万一对方是个大奇葩，不管是悠闲的下午，还是无所事事的晚上，你都可以迅速以"我约了人要去吃饭了""老板来了，我去开会了"等理由简单拒绝。如果是你主动加的对方，这个借口就不好找啦。

接着说见面。

这是非常非常重要的，一定要以隆重出席的心态好好对待，因为你不知道出现的那个人是路人甲还是你的Mr.Right。对于见面地点，正常男生会以商量的口吻咨询某个地方是否合适，女生对此完全有主动权。如果男方坚决不肯改地点，那么这种人基本可以淘汰了。

建议女生事先踩点，对消费场所的价位、餐点、洗手间位置，乃至逃生出口位置都了解一下。而其中重中之重的，是场所的灯光。如果你不是美得倾国倾城、惊为天人，强烈建议在暖色调的昏暗灯光下相亲，比如很多咖啡馆的黄色主打光线。

为什么是黄色？因为这是最适合化妆的颜色。你可能平时不善打扮，也有可能那天不习惯彩妆结果下手太重，或者下班晚了补妆补得乱七八糟，这些在暗色灯光下统统看不出来。同时，如果你有痘痘，皮肤干燥起皮或者油腻腻反光，只需厚厚上一层粉，在这种灯光下保证显得又自然又粉嘟嘟的。而且这样你的眼妆可以重一点，小烟熏什么的也不容易看出来。

熟悉一下场地，到时候你就可以细心地给他推荐食物，指卫生间方向，更重要的是，某些自助服务，比如茶水啊，酱料啊，自助沙拉啊，你会很了解在哪里，可以帮他拿，显得既懂事又贤良。

相亲最忌讳在太亮堂的地方，毛孔、粉底看得清清楚楚。因此，白天户外相亲这种，就很考验彩妆功力了，第一次见面不建议这样。

接着说着装。

看天气，露胸露腿你有啥露啥。平胸的可以开低领，大胸的就算了，显得风尘。腿好看的就穿短裤，腿丑的就穿裙子，记得裤子可以穿超短，裙子不可以。相亲需要端庄，不要骚浪。

有啥饰品挂上一个。如果是披肩长发，可以穿吊带裙什么的露多一点。衣服颜色要注意和相亲场所光线的搭配，就算你很酷也不要走朋克路线。你今天的主题就是要显得温良，美得没有攻击性。

我平时穿西装一步裙，但是有一次相亲穿的是棉布小旗袍配针织衫，藤编小方包，平底鞋。傍晚在西湖边的茶楼看风景，效果杠杠滴！

接着说见面干啥。

一般是吃饭。其实吃饭口味各人不同，小龙虾、羊排、猪蹄什么的吃相难看，不合适；日料太亏怕男生出血，不合适；西餐的话，现在很多餐厅刀子不好使，切得盘子砰砰响，不合适；东南亚菜味道太重会毁了你的香水，不合适，火锅、烧烤同理。

其实我觉得第一次见面，喝茶喝咖啡比较好，也是给男生省钱，留个贤良名。而且，喝茶喝咖啡不会弄花你的口红。其中咖啡又胜于茶，因为无聊的时候你可以搅拌咖啡玩，一边歪着头，一边搅拌，斜着眼睛笑着看他，即使不说话，也很容易显出风情。

见面的时候，始终要记得自己不仅仅是来被人看的，更是来看人的，所以要鼓励男生多说话，绝对不要打断男生的说话。你负责引导话题就好，记住，全程微笑，微笑，笑。

以下句式请背诵并默写："啊，原来是这样啊。""我不知道呢，还以为是……""你好厉害啊，懂好多。""你笑什么？""真是没想到啊。""你看我很笨的。""我哪有？""你又笑话我。"

当遇到男生没话题的时候，可以聊聊天气、电影等安全话题，如果遇到不想回答的尴尬问题，比如"你交过几个男朋友？"之类的，可以不失礼节地反问："你猜？"他若是真的猜了（简直是个傻瓜），你再说："那你呢？"等他说完，你就可以说"我去下洗手间"了。

如果遇到你很想了解的事情，男生又不说，怎么办？就反着方向回答他。比如他不想提他有个不成器的弟弟，你就说："你弟弟虽然读书不好，说不定做人很灵呢，现在哪里看成绩了？"相信我，他会反驳你的，然后竹筒倒豆子说出一大筐话来。

如果说起兴趣、爱好之类的，多说一点儿女性色彩重的，用浓浓的荷尔蒙包围他。比如烹饪、烘焙、插花、手工DIY等。如果你够牛，说个骑行、钓鱼、击剑、空手道之类的也不错哦，温温柔柔的妹子玩空手道，最反差萌了。

全程尽量少说，多套话，很多男生喜欢在女生面前滔滔不绝的，你就认真而温柔地看着他，鼓励他说下去，有什么吐槽的自己脑海中放放弹幕就好了。

如果想在对话过程中快速获得对方信任，我有奇招。就是你去看看各种星座、血型的性格分析，把里面的话套用上去就可以了。

再强调一遍，我是不相信任何星座、血型、八字、生肖的，伪科学，但是我愿意用这些话题去拉近与别人的距离。这些大而化之的话放之四海皆准，比如说我是金牛座的是不是爱钱爱吃的，开玩笑了，普天之下有几个人不爱钱、不爱吃的？说摩羯座跟陌生人话少，跟熟人话多，普天之下，有几个人不是跟陌生人话少，跟熟人话多的？

所以，你大可以照着性格分析上说的，这样跟相亲男说：

"我觉得你不是那种什么都放在脸上的人呢，你什么都明白只是不愿说罢了。"

"虽然你朋友不多，可是总有几个能懂你的人呀。"

"虽然你朋友很多，可是我觉得，真心交往的没有几个吧？"

"一个人在这样的城市，有时候也会觉得孤单吧？"

"在公司里独当一面，其实偶尔在家里，也会变得像孩子一样吧？"

我向毛主席保证，相亲男听到这些话，小心肝儿会一颤一颤的呢，内心爆发出类似"啊，你真懂我啊，找到知己了"的感慨。你就负责害羞地微笑好了，或者谦让地说一句："哪有，大概因为我也是这样的人吧。"

动作上，如果喝茶，记得给男生添水；如果吃饭，点的宁可少不要多。点单前问一下男生有什么不吃的，上菜后记得移动菜的位置把大菜留给男生，记得递纸巾，帮忙拆筷子包装，添水，给人一种安安静静却让人很舒服的感觉。叫服务员的时候，如果屡叫不来，不要放大音量继续叫，可以娇羞地请男生帮忙叫一下，他会非常乐意的。

另外，对服务员的态度要客气一点。迎宾说"欢迎光临"的时候，可以大大方方地点头微笑，服务员上菜的时候，可以说一声"谢谢"。记得有一次跟男生吃水煮鱼，服务员自己不小心绊了一下，我关切地问："伤到了吗？"男生后来说这个细节让他印象非常深。

期间，你也可以看看他对服务员的态度，如果也是很客气，说明家教不错。

最后结账的时候，最好可以主动提出AA，正常男生都不会AA的啦，如果AA了就内心默默给他减10分好了。

第一次见面，不管喜欢不喜欢，吃完饭就可以收尾了，看电影什么的，留着下次吧。不管是AA还是他付钱，都记得对男生说一声"谢谢"，感谢他陪你度过一段"美好"的时光。如果男生不能送你到家，你到家后记得发短信报平安并再次表示感谢。

基本上，细节能做的也就这些了，这样的话起码可以完成一次无功无过的相亲，其他方面就属于个人魅力和说话的技巧了，那不是一篇文章能写完的。

♡ 步步为营，"第二眼"勾引技巧

有朋友问我，两个人关系不错，有吃有喝有约，但是总是停滞在这里，如何升温？

这种情况很常见，处于这种关系可能有这么几个原因：

（1）男生不开窍，比较腼腆；

（2）男生对你还算满意，但是不够确定；

（3）如果他不带你进他的朋友圈子，还有可能是他同时和几个妹子处于相同阶段——他在斟酌。

这种情况拖太久对妹子来说是很大的损失，他无所谓可妹子青春宝贵啊。所以关系停滞一段时间后，妹子往往会有关系升温的需求。

但是我们是妹子啊，我们不能冲上去说："吴叔，我要跟你困觉！"总是拧巴在心里百转千回、日思夜想对内分泌也不好对不对？妹子应该有妹子的想法。

我认为第一步，就是加强肢体接触。人有五感，视觉、听觉固然重要，关系强化后，触觉、嗅觉等也要跟进，让你的存在感在他那里得以强化。

先说嗅觉，不要汗臭当然是第一步，有汗臭的也不要担心，打球、暴走什么的，止汗喷雾可以拯救你，据说狐臭也能拯救。另外，香味不一定是香水、香波、护发素、护手霜，乃至衣物柔顺剂都是香味，不要总是换牌子，找到适合自己的东西就固定下来。这样男生一闻到某个味道就会想起你。

我追男神的时候，有一次装冷借了男神的围巾戴回家，我花了一夜工夫，给围巾上喷了我常用的香水捂着，然后拿电风扇吹散。第二天男神拿回围巾时没说啥，一围到脖子上，那表情就变了。多性感又暧昧的想象。我都能想象他这一路闻着若有若无的香水味道浮想联翩些啥。

当然，我也有仔细用了香水却被男神说"你是不是涂了很多驱蚊水，味道好奇怪"的时候。

嗅觉的想象，相比触觉，更隐蔽、更暧昧，却比视觉、听觉更有攻击性。

接着就是触觉了，你在想要接触哪里之前，可以先想象谁接触谁。我们妹子当然不要大喇喇去碰男生啦，最好让男生来碰你。

先解释一下为什么"绿茶"们喜欢去游乐园这么矫情的地方。

走路的时候跟他走得近一点，让他的手肘不经意撞到你的手肘。明明可以去高级西餐厅吃饭，却偏偏撒娇说要去游乐园，过山车坐下来你怎么瘫软一片都是可以的，让他扶着你。找个摇晃得厉害的项目一起去，你死死抱住他都不会显得不要脸。要是有鬼屋就更好了，抓紧他，抱住他，尖叫好了，演技好的还可以哭泣。

如果你不想这么矫情，那淑女一点。

举一个我闺密的例子。

闺密追一个男神，是个风度翩翩的世家公子，太客气、太绅士，温吞吞的。闺密急了，约公子晚上吃西餐。妹子盛装打扮，一字领、小盘头，然后趁公子不注意把一个发簪弄下来丢到地上，开始大呼小叫："哎呀，我的发簪掉了。"当然最后被公子发现在自己脚边，公子把簪子捡起来还给她。注意，干净整洁的西餐厅里，公子手上托着闪耀的发簪，这本身就给人联想啊。

　　然后妹子左戴右戴戴不上簪子，饭都不好好吃了。公子终于忍不住说："我帮你戴吧。"

　　一字领，小盘头，一头云鬟，一大片光裸的脖子，下面小露背，公子给簪头发，想想都香艳。

　　还有我在上一章的案例中提到的，我帮男神用湿纸巾擦手，都算触觉体验的一种。其他还有大喇喇地递东西"不经意"碰到手啦，按鼠标按住手啦，去爬山让人拉一把啦，你看多少机会。

　　总之，一个男人有没有碰过你的身体，感觉是完全不一样的。形成牵手、拥抱的习惯，是催化情感的第一步。

　　更进展一点的，就是看电影啦。你只要负责抓着男生的手就行了，该捏捏小手该搂搂小腰他会无师自通的。

　　如果已经达到可以随便摸随便抱的阶段，那么再升温就要开始难一点了，就像加热一壶开水一样，20度到30度是很容易的，90度到100度却是要消耗更多更多的热量。前者属于量变，后者属于质变的阶段了。

♡ 案例：办公室回头草啃回小鲜肉

如果你在"白富美"三个字中没有占据其二，却一不小心勾搭上了高富帅，那么你要小心了，他放着门当户对的妹子不找，为什么勾搭你？

叫他大头吧，不算帅，但是身材绝好，有钱。一开始是公司内部培训的时候人家来勾搭我的。

后来我总结出教训，就是你不要在刚刚换一个环境的时候看上一个男人，比如大一，比如工作第一年，比如留学第一年，这个时候的你，对新环境充满迷茫，内心不安定，很容易被人乘虚而入。这些年来，公司老油条勾搭新入职小妹妹几乎成为每年的例行任务了。

当时的大头勾搭经验尚不丰富，一身脏兮兮的灰不溜秋的外套，一张让人看十遍也记不住的脸，整天骑着一辆破旧的自行车上下班。

于是我犯了一个严重的错误——以貌取人。其实，真正看着光鲜的往往是富N代，很多富二代小时候家里条件不好，都不怎么在乎着装打扮，所以成年后仍延续其一贯风格，看外表是很低调的。况且，大头又是IT部门的，当时我第一反应就是：路人甲。

我对路人甲没什么兴趣，尤其是长得还不帅的。这年头第一眼男人看胸，女人看钱，谁也别瞧不起谁。没钱又没脸的，当然不甩了，大家都那么忙。就在我拒绝他两次后，一个无聊的晚上，还是被约出来了，约坐坐，嗯……我以为大概是个咖啡馆或者别的什么。

我有个好习惯，见异性必须化妆，不管对方是路人甲还是大客户，就怕万一有个什么呢。于是我穿着一身金贵的行头，化了个无懈可击的妆，美美的赴约了。结果，街头小板凳上吹着电风扇，跟他吃麻辣烫，两人一共吃了18块5。当时我的态度是很好的，不过我内心小剧场一直跟自己说：一定不要跟此人再有任何瓜葛。

后来他又约了我三五次，统统被我拒绝了。他也没有死缠烂打，渐渐在我的世界销声匿迹了。

直到一个月后，我发现他在公司群里说，他买了三套房子，全款支付，总价大概在一千万，是在进公司前就买好的。原来，人家只是低调不愿意说而已，我却把人当跑龙套的了。

这就是传说中人世间最难吃的草——回头草。

我整整一晚上掰着手指头想着这回头草要怎么吃。做市场的人都知道，花多少钱可以拉来一个用户，叫做单位用户成本；而花多少钱把一个曾经抛弃这个产品的用户拉回来，叫做流失用户回流成本。回流成本在我们行业，大概是用户成本的三倍。

但我觉得，这在谈恋爱上，这个成本远远不止三倍。

这时候的我当然不能冲上去说："大头，我后悔了，我不知道你这么有钱，我们重新开始吧！"我只能拉闺密去体育馆打球，频繁参加公司的新人活动，不怀好意地接近他的同事。某天，大头讶然道："咦？小圈儿，怎么最近老遇到你呀？""是呀，好巧好巧。"我不要脸地笑着，能不巧吗?我等你等了老久了。

那会儿我在准备一个小型马拉松比赛，记得大概是8公里的样子，我跟他抱怨说这太难了，报名了才发现根本做不到。

他说，如果跑不完，我请他吃饭，这样就有动力了。

我趁机讨便宜道："要是跑下来了，你请我！"

他说："一言为定。"

其实路人甲和富二代在花钱这个问题上，态度差别还是蛮大的。

一般路人甲对女神（极个别特殊物种除外），恨不得把家底掏出来，生怕女神觉得他穷。而富二代呢，要分两种，一种是蜜罐里泡大的，花钱如流水丝毫不介意；一种是从小苦大的，爹妈最忙碌的创业时期赶上他的青春期，因此变得又敏感又傲气，生怕别人看上了他的钱，跟人约会时掏钱归掏钱，但心里总会计较。

大头属于后者。

跟大头打赌后，我向一个白富美同事借了一家高档海鲜餐厅的会员卡。

那天我参加完马拉松，拿着记录单子跟他炫耀，让他请吃饭。

我选的地点正是那家高档海鲜餐厅，拿着菜单，我故意瞎点一气，09年两个人花了600多块吧，他吃归吃，但脸上露出了一丝丝嘲讽的神色，大有看轻我的样子。

买单的时候，我说："谢谢你给我加油，今天我来买单。"

他有点意外了，连忙摆手说："我来我来。"

这时候真要让他买单了，估计回头还会被他觉得我虚伪，明明敲竹杠呢，装什么好人？

我挥了挥手中的会员卡说："我有会员卡，你买可就亏了。"

他这才作罢。

舍不得孩子套不着狼，我也是豁出去了。用会员卡结算有个好处，让他觉得我是这家餐厅的常客——我有钱，不稀罕他的钱。富人最怕别人只想花他的钱，正如美女最怕别人只想得到她的身体。对付富二代，就是要舍得花钱，把他的这道戒心去除了。

这顿饭以后他对我明显上心了很多，但顶多是一起聊天，还是每天说忙忙忙，没有一开始追我时的那股子热情。

其实看一个男人对你是不是真心，对于路人甲，就看他愿不愿意为你花钱；对于富二代，就看他愿不愿意为你花时间。越是愿意为你消耗他最心爱的东西，便越是在乎你。（话说我曾经有个游戏宅男友，送了我一整套高级装备，把他自己感动得不行。）

我想着怎么耗他的时间。

有一天我不小心把手机摔了，就发了一张图片到人人网上，说下班路上遇到暴露狂了，用手机砸了他才逃回来。

有一段时间我和他的项目地点都在乡下，需要穿过一段荒烟蔓草的路然后才能坐车回家。很多女同事都说遇到了暴露狂，我曾经也真的见过，不过当时我很淡定地拿出手机给暴露狂拍照，那人一溜烟儿跑了。所以这次我这么说也不见得很假。

然后他回复了："要多加小心哦！"

你丫废话！

"要是驻地附近打得到车就好了。"我回复道。

然后，他给我发QQ："明天我送你一程吧。"

这样，我们开始天天一起下班的时光。有时候我下班早，就去他的桌子前转一圈，这类似一种主权宣示——告诉他的同事们"这人有主了"。

到这里，我还没发现这人有什么问题。直到有一天，我们聊起家庭暴力，他非常自豪地说自己爸爸很了不起，"从来没有打过我妈妈"。

当时我就震惊了，这也值得自豪？

要不要我去天安门前大吼三声："我从不杀人放火！"

后来我有意识地询问他对于婚姻中夫妻双方的看法，才发现此人已经进入直男癌晚期。

我没有地域歧视，但是大西北的男生和南方的男生对于"对老婆好"的态度，真的普遍不是一个定义的。

要知道男生婚后如何，最好是看他的父母在婚姻中如何。大头家在大西北估计也算奇葩，爸爸从来不下厨房，家务活儿都是妈妈做，妈妈还上班，大头居然还觉得他爸爸很疼老婆！后来有了博客，大头自己下厨房煮个泡面都要拍照嘚瑟，自以为贤惠得不得了！

他后来还挑剔我的衣服，嫌弃我跟其他男生说话太多，觉得我事业心太重，在公司里太强势等等，真是神烦。而且，还动手动脚。

男生床品如人品，不尊重女孩、随便动手的人真的非常差劲。当我明确表示拒绝上床后，他对我就淡了下来。

不过反正他也没说做我男朋友，这样最好呗，我也可以骑驴找马，反正那会儿还年轻，也没觉得这人有多好。后来我遇到其他小鲜肉，他也遇到其他小姑娘，就慢慢消散了这层关系。

你以为故事结束了吗？没有，高潮来了。

就在上个月，我通过他的死党发现，他结婚了。结婚时间是08年的冬天，婚纱照都被我扒出来了，死党在社交平台上还一口一个嫂子喊他太太的账号。

当初那三套房子，一套是他的婚房，还有一套是他给父母的，剩下一套略小的，是送给岳父岳母住的。他载着我去吃海鲜的车，是新娘的陪嫁。

直到今天，他在公司里还是伪装成单身的样子，勾搭刚刚毕业、涉世未深的小女生。

你以为这才是结尾吗？没有，还有第二季。

上周，其中一个小女生让他有点饥不择食了，上手前没摸清女孩的背景，结果被对方在当地某知名BBS上曝光了姓名、公司岗位、大学专业、手机号以及家庭地址等信息。

在那之后的某一天，我收到了一个陌生人的短信，问我认不认得某某某，我觉得这条陌生短信非常莫名其妙，就留了个心眼，说知道有这个人，但是不知道长什么样子。那人"哦"了一声，又问了我公司里几个女同事的名字，都是年轻、资历浅的妹子。

我说了句"抱歉我已经离职了，不清楚"，那人就不再骚扰我。后来我问了几个女同事，才发现她们也收到了短信。没错，那个发短信的，是大奶，来抓小三。

现在整个公司都知道大头的传说，你们也知道办公室八卦的流传速度有多快，我不知道他会有什么下场。

这个案例告诉我们：如果足够努力，搞定高富帅是没有问题的，但是，搞定不代表幸福，说不定，对方是个人渣呢？

第三章

套牢优质男

一个女人能嫁给什么人，不是那几个小花招、小心眼、小偶遇能确定的。一个人能嫁给什么人，从很大程度上说，是她这辈子之前所有努力转化为回报的结果，有家世的拼家世，有脸的拼脸，人丑多读书，上班多用心，一步一个脚印，踏踏实实地把这些变成你的气质、工作、收入这些外在的东西，以及阅历、心眼、情商这些内在的东西，方能带来你嫁给什么人这样一个结果。

♡ 不谈感情，成年人只谈利弊

第一个问题：为什么人会对另一个人好？

有人问我：为什么我的朋友那么作天作地，她老公还是那么爱她，买包包送东西，家务全包；而我这么懂事的姑娘，体恤他关心他，生病给他送药，缺钱给他打钱，最后却换来他的淡漠。是不是好姑娘就一定会吃亏？——答案是否定的，看问题要看根源，而不是表象。

很多时候，一个人对你好不好，和你对他好不好根本没什么关系。大多数人都不是知恩图报的。如果你遭难了，你要向一个人求助，你是会求助帮助过你的人？还是求助你曾经帮助过的人？当然是前者，他既然能帮你一次，自然也会帮你第二次。至于你帮助过的人，他对你有什么感情，你是无法预知的。当一个人需要帮助的时候，他对谁都会躬身膜拜，那只是功利心罢了，那不是感情。

我建议有女孩的家庭在女孩五六岁的时候养一只小奶猫。我小时候家里养过不少小动物，猫、狗、乌龟、金鱼什么的，很热闹。猫天天威风凛凛、大摇大摆、颐指气使，而狗一直是讨好所有人。

我的家人有对狗哪怕更偏爱一点点吗？显然没有。相反，因为猫脾气更大，我们对猫付出的时间和精力更多。而猫一般很高冷，它对家庭成员中无论

是谁稍微表示一下友善，就能迎来全家人的欢呼，换来全家人对它加倍的好。

看上去似乎很不公平。可是有谁告诉你，这个世界是公平的呢？

以商业购买行为为例，马克思主义政治经济学告诉我们，商品的价值决定价格，而商品的价值很大程度上跟成本有关。但请问，诸位谁去买苹果6的时候会去计算成本呢？谁去星巴克买咖啡的时候会算一下咖啡豆的进价和咖啡机原价呢？西方经济学经典理论告诉我们，商品的价格，是购买者决定的，购买者认为它值什么价，愿意付出多少价格，在经历一系列群体个体的博弈后，才形成了一个价格。

同理，一个人为什么对你好？不是因为你对他好，而是因为他觉得你值得他的好。

为什么那么多人喜欢猫，不是因为猫对人好，而是因为猫那么萌，值得我们对它好。

所以，如果你希望一个人对你好，应该做的是让自己成为值得对方如此对待的那个人，而不是傻傻地去付出。

学过产业经济学的人都知道，每一笔交易形成的前提，就是买方觉得自己通过购物获得的福利高于或等于付出的价格。亏本的生意是没人做的。

感情也是如此。

两个人如果有一段超过一个月的稳定感情，就必须有个大前提，即男女双方都觉得自己的付出是小于等于回报的。这个付出是指现阶段的付出，而这个回报，包含了现阶段的回报有长期回报的折现价格。

稳定关系第一定律：
【回报≥付出】

这个付出和回报，指的是双方各自价值观下的付出和回报，比如遇到一个土豪，可能认为12万一个铂金包不算什么付出，而遇到一个文员小妹，觉得这简直是大得不得了的恩惠，是很大的回报。

这个定律可以解释很多种常见和不常见的情况。

假设一个白富美找了一个穷小子，首先穷小子应该会对她非常好，让女生觉得自己现阶段得到了很多回报。其次这个穷小子起码有点小前途，学历、智商上有点优势，让女生觉得长期回报也不错。重点是穷小子不需要白富美付出很多感情和心血，小手招招就对她死心塌地的，这样她的付出就很少。

用比较少的付出，换来大量的回报，这对她而言是一笔划算的生意。

开篇说的作天作地还备受宠爱的妹子也是这种情况。往往允许女人作天作地的男人，内心都有那么一点点觉得自己高攀。在这段感情中他的确付出更多，获得的实际回报却很少，那么为何他还能保持这段感情的稳定呢？

因为他觉得自己配不上那个女人，以他的身价，何德何能居然有这样的妹子看上他，他觉得女神肯眷顾他本身就是一种莫大的回报了。这种和女神相处的满足感，简直是天大的回报，拉平了他的付出/回报公式。

所以，人都是见人说人话，见鬼说鬼话的。

同样一个男人，在你手里是个高冷范儿，三天忙两天没空，你生日他还忘了。换一个女人，他天天嘘寒问暖求见面，生日前三个月开始准备盛大庆祝。是他变了吗？不是，是你不值得这个待遇。

同样一个女人，对着这个男人作死作活，鸡蛋要剥壳，面包只吃现做的。换一个男人，她洗衣做饭，体贴殷勤，恨不能做牛做马。是她变了吗？也不是，是你卖不出这个价。

刘亦菲嫁给路人甲的话，作得天天要星星要月亮都不会觉得不合适。再矫情的妹子，嫁给王思聪，还不是温柔贤惠、通情达理。人，都是势力眼，谁也别觉得谁真爱无敌、水晶通透玻璃心。

所以，既然看上了人家，不管是看上人家亿万家财还是看上人家腹肌八块，被冷落被无视甚至被劈腿都怨不得人家，不高兴？不高兴你分了呀。回报那么大，自然得付出点委屈了。要是不肯付出委屈，那就找个回报小点儿、让对方觉得他高攀了的，那么无论你怎么作死指不定人家也乐意。

稳定关系第二定律：

在封闭稳定的关系内，【男方付出+女方付出=男方回报+女方回报】

我们可以把两性关系看做是物理上的小滑块。学过初中物理的人都知道，小滑块不去动它，它就是不动的。如果你一边做功，一边它还是稳定匀速地运行，那说明肯定有另外一个力对它反方向做功了。这里一个力叫做付出，一个力叫做回报。

男女双方的付出和回报的总和是相等的。比如男生付出了体力做家务，在女生那边，就是可以不做家务看电视的回报。女生付出了心塞到内伤、表面仍是风平浪静的情绪努力，在男生那里，就是他在外面彩旗飘飘、回到家里红旗不倒的回报。

每个人在享受的时候，都想一想，这是对方的付出。你作到死的时候，一定想想对方是不是已经憋到内伤。最怕的是，明明是门当户对的，谁也没占了谁便宜，偏偏两个人都觉得对方高攀了自己，互相往死里作，双方的付出都不多，回报却都拿了很多，公式无法成立，这个关系就只能坍塌了。

更好笑的是，关系坍塌本身也是有一定成本的，比如曾经同居的人要分分家当啦，一起用银行账户的人要分分钱啦。有些关系塌得太快太猛，以至于关系本身都无法支撑坍塌的成本，导致分手都分得拖泥带水、一塌糊涂，甚至没办法分手。

这就是之前说的，破产清算成本高于破产后残余资产的净现值，于是连破产程序都启动不了，只好由外界的冤大头注资清算了。那些一分手就闹得两家人鸡犬不宁，两边朋友圈兴师动众，自己分手不算，还搅得其他人不得安生的，也算得上是周边无辜人士的被动注资了。

第二个问题：如何让人觉得你值得他对你好？

延续上一个问题的逻辑，要让人觉得你值得他对你好，那么首先要让他觉得你配得上他，甚至远远高于他。这就是一个定价水平的问题了。客观地说，人的水准当然是可以用来定价的。

一方面，我们有普世的定价标准，比如收入高、脸好看、身材棒、家世好……诸如此类。另一方面，我们还有个体的定价标准，比如我喜欢学霸，喜欢逻辑特别清晰的男人；他喜欢皮肤白的，身材娇小的，收入不算高但工作轻松、压力小的女人，这都是个体定价标准，每个人不一样。

如果你还没有男朋友，那么当务之急，是把自己普世标准的定价抬高。因为你不知道你将来会遇到什么人，但是这些普世的标准大抵适用于大多数人，用来提升自己总是不会错的。

这些标准细分下来的话很多，但是关键的无非那几个，女的主要是脸、身材、学历、工作、家境，男的主要是收入、工作、脸、身材、家境。有些东西是比较难改变的，比如家境，脸和身材的硬伤。以十分制来看，既然这种无法把你的3分脸变成9分，那么稍微收拾一下，弄到5分也就差不多了——不是说5分到9分之间是无法跨越的鸿沟，你去韩国大刀阔斧改造一下是有机会成功逆袭的，但是对比那个风险和成本，有这点力气改造别的项目说不定收效更大。

所以我最烦有人说"学历好不如长得好"，这句话在一定范围内是没错，比如你大学985或者211毕业，还是不如范冰冰有前途。但是，这句话有意义吗？

学过一点财务的人都知道，我们算经理人绩效的时候，部门经理只对变动成本负责，甚至只对他能影响到的变动成本负责，对于固定成本，是不关部门经理事儿的。因为那不是他能决定的范畴了，你总不能因为国家加税了，导致成本增加，然后说部门经理管理不力，导致总成本增加，要扣他薪水吧。

对于妹子也是一样，外貌这种，既然不是你能改变的，你的人生也不需要对此负责。既然长相是已经确定的，那我学历高一点当然比学历低的更有前途啊！所以，既然身材和脸是既定的，那么能补救的补救，不能补救的话，一样的脸，有脑子的跟没脑子的哪个混得好？

其实对于妹子而言，一是学历，而且是第一学历，由于大多数人在知道第一学历的重要性的时候，已经无法改变其第一学历了，那么可提升的差不多就是工作了。工作不仅仅在于工作本身给你带来的社会地位，比如在相亲圈里地位很高的教师、公务员等工作，还在于工作可以给你带来钱——而钱，对于普通人而言，是社会地位之源。

我不是马云，我承认我在第一个月拿薪水的时候的确觉得很快乐，而且我最快乐的时候一直是我最有钱的时候。对于妹子而言，有钱才可以去健身房，有钱才能买好看的衣服，有钱才能用昂贵的化妆品，有钱你整个人的生活品质才可以高起来，有钱你才有自信，才有寂寞的勇气，才有挑挑拣拣的控制权。

以现在的婚姻市场，一个月入过万的妹子，基本就可以忽略学历不高这个问题了。而一个月入过两万的妹子，连年龄、身高和长相都能宽限了。这就跟考研一样，英文不好，那就只能通过专业课拉分了。

不要相信男人说不要妹子收入太高怕hold不住，那是月入一万五以下、对自己魅力毫无信心的男人才会说的话——自己条件不好，钱不多，就怕没面子。收入稍微高一点的男人，又不是傻子，恨不得妹子有钱，越有钱越好，你说这世界上谁会跟钱过不去？

钱，是社会普通阶层的原动力。

曾有不少妹子问我自己没人追怎么办，我看了一下，发现不少条件真的不怎么样，身高、学历、脸、家世都普普通通，男人不是傻子，你如果有野心要高嫁，现在能改变的就是收入了。主业有前途的拼主业，主业没前途的拼副业，你什么都没有，拿什么筹码去押宝高富帅？要是高富帅是你儿子，你会让他娶这样的姑娘吗？就因为你善良？

拜托，善良是一种选择不是一种能力。是个人想善良就能善良的。

我想起我高三的时候考大学，最后半年真的蛮焦虑，因为我们学校每年文科只有一两个人上北大，而那一两个年段顶尖的男生真的都是斯文、有才、高智商。如果我能考上北大，整个大学里都是这样的少年，满满一个校园的年段Top3！这意味着，我随便从里面找一个当男朋友，他的起点就是高中Top3，想想还真有点小激动呢。

如果你有女儿，就从小这么教育吧——一个女人能嫁给什么人，不是那几个小花招、小心眼、小偶遇能确定的。一个人能嫁给什么人，从很大程度上说，是她这辈子之前所有努力转化为回报的结果，有家世的拼家世，有脸的拼脸，人丑多读书，上班多用心，一步一个脚印，踏踏实实地把这些变成你的气质、工作、收入这些外在的东西，以及阅历、心眼、情商这些内在的东西，方能带来你嫁给什么人这样一个结果。

我喜欢读书多的男人，我大概从小学二年级就开始大量阅读，直到现在才遇到我的Mr.Right，我们第一次聊天就如同两台引擎互传数据，充满了"你也看过！""我也知道！"的惊喜。我一个闺密特别喜欢有商业头脑的生意人，她从大学里开始创业，吃了不少苦，亏了不少钱，一路打拼到现在，终于遇到一个成功的生意人，一说起创业艰难，两个人一拍即合，感情迅速升温。

你看，人丑家穷就不要相信捷径，去付出努力就好，就算我没有遇到这个人，我还是读了不少有用的书；就算我闺密没有遇到她先生，她还是有了自己的事业。把自己变成那个值得对方珍惜的人，就算没有人来珍惜你，你还是会收获不少东西。

我这番话说了或许没什么用，毕竟事业的进益并不是容易的事情。我只是想点破某些人的春秋大梦而已。没有一手好牌的妹子，是需要付出大量精力在打烂牌上的，什么也不付出，是没办法把一手烂牌打好的。你又不是白富美，整天吃吃睡睡、玩玩逛逛，是没机会高嫁的。

有人说，对现阶段中国的大部分普通人来说，外表是最大的看点，其次家境，再次学历，那些颜值5~7分的女生，外表是完全可以改变的，问题是很少有女生认识到这点，反倒去强调挣钱、高学历、高情商，这些要想有一定的成绩，或达到占优势条件的程度是要付出很多的，而且也不一定会达到，对普通人来说挺难的。

对此我的回应是：发型、衣服确实很重要，也是必须的，但来得容易的东西，效用往往也不高。大部分女生是你说的这样没错，但是大部分男生也是路人甲啊，化化妆换换衣服这么简单的办法，也就骗骗路人甲有用。

如果想对付条件稍微好一点点的男人，你要么天生绝色（路人脸的话化妆已经没用了），要么有点儿脑子。读书啦、赚钱啦的确见效很慢，成本又高，也不是一眼能看出来的东西，但是进脑子的东西，都是透过脑子散发出来的，高成本自然有高回报。想要五分钟变身，骗谁呢，男人会看不出你是几块钱的货色？

如果你已经有了目标人选，你的普世价值正在提高中，并且你也知道他的个体价值体系，那么不妨顺着他的体系改变。比如他特别喜欢会做东北菜的女生，或者特别喜欢拥有黑色长直发的女生。但是这种改变是有针对性的，而改变本身又是有时间、精力成本的，所以这是有风险的。如果你们分了，你的这些投入可能就血本无归。在普世价值尚有提升空间之前，不建议在个体价值体系内进行提升。这年头，大家都很忙，投入太多，何必呢？

说了这么多，基本都是讲提升自己的。

那么如果想要对方心甘情愿为你付出，是否只需要这些呢？

如果你真的是中意某君，感觉没有什么是可以忽略的，认真追一个男人，就跟认求一个offer一样，若真的中意，就要全力以赴、背水一战。我最夸张的事情，大概是为我的男神学了一门非常复杂的小语种；其次是为了另外一个男生，玩魔兽玩到三个满级账号；再就是，为了跟我的终极男神聊天，每天配合他的时区颠三倒四作息——现在想来也是蛮拼的。

我又想起了我家的猫，如果它一直对家人熟视无睹，大概早就被赶出家门了。它很聪明，它一辈子有100份的时间的话，大概有99份无视我们，有1份用来取悦我们。它的取悦是如此珍贵，如此美好，以至于我们得到它一点好脸色就受宠若惊。

你所有的努力，都是为了让人稀罕你那1份的取悦，从而忍受你99份的冷眼。

每一位高冷女神背后，都是百分百的努力和用心。

♡ 小"作"怡情，大"作"伤身

我的一位好友，她就是那种从来不会"作"的姑娘，一点儿也不会。温柔懂事、善良大方，上得厅堂下得厨房，可是，到头来谁稀罕呢？不过是换来对方的一句"我对你没感觉了"罢了。

不会"作"，就不会死，但是不会"作"，也不会"活"，活色生香的"活"。让圣母白莲花们深恶痛绝的"绿茶"、狐狸精都是深谙此道。所谓"知己知彼，百战不殆"，深入学习敌方作战技术，有利于师夷长技以制夷。

1. "作"的定义。

这里引入一个学术专用名词——PU（paternal uncertainty），翻译为"亲子不确定性"，这个词有很多解释。如果用在女性身上，宽泛地说，这是指让男人担心戴绿帽的指数。一个女人，爱吵闹爱折腾，穿着暴露，男性朋友多，事业心强，都算得上是PU值高。PU值高会让男人没有安全感，而安全感长期缺失会形成敏感多疑的性格，而男性敏感多疑的性格有可能加剧女性的逆反心理，进一步提升其PU值，从而造成恶性循环。

如果你觉得这些解释不够清晰，那么还有一个更简单的解释——PU即男生要获得这个女性的成本。相对的，还有一个词用来形容女性本身的价值，即MV（mate value）。MV和PU这两个概念分别代表一个男性眼中女性本身的价值和获得这种价值的成本。（这两个概念来自D·M·巴斯的《进化心理学》）

如果把这种行为用在超市买巧克力来解释就很容易理解了。

某国内品牌的代可可脂巧克力有很多人买，而某大牌进口的精装酒心巧克力销量不高。然而，并不能因此就判断前者东西好，我们顶多能说前者受欢迎罢了——所以，你还想做一个受欢迎的妹子吗？每个人身边都有这样的女孩：外貌上不见得出众，工作、学历也一般，但是周围总是围着一群一群的男生，她们似乎总是不乏人追。

这样的女孩，多半爱笑、随和、温柔、拉不下脸，多半资质、背景一般。廉价巧克力便是如此，买到后也不过是过年过节往玻璃盘里成包成包地倒上，用来装点节日气氛、招待客人——这就是所谓的低MV低PU女孩。

而货架另一面的进口高价巧克力，乏人问津，购买者不过两种：一种是有钱人，随便买，买来照样倒玻璃盘里随便放。好比嫁高富帅，虽然不见得一定被捧在手心里，但至少那户人家装修考究，日子过得好。另一种是穷人，买回去拆了包装，一颗一颗数着吃，记住每一种味道。好比嫁穷小子，被好好珍惜。（当然也有穷小子不识货吃什么都一个味道，把高级巧克力当石头踢的。）

这样的女孩，不一定是白富美，但一定让男生觉得获得的成本不低。

不过有时候成本太高了男生扛不住了，那就是江湖传说的"no zuo no die"了。

我想，每个女生都希望做另一半眼中的进口高价巧克力吧。价值不菲的东西才值得珍惜，人之常情。

而且人性本贱，你的PU（卖价）一旦打折，人家反而以为你的MV（价值）也打折了呢。这就是奢侈品不能太多打折的道理。

题归正转，我觉得"作"的隐藏含义，便是搞定一个女人的成本。

一个女人的"作"，就是告知对方，老娘可不是那么好搞定的！

2. "作"的应用范围，什么情况下可以"作"？

这里提到的"作"是以不破坏双方关系为前提，以让对方更珍惜你为目的的调戏行为。不是无理取闹，更不是撒泼。

第一，除非是被追，否则认识初期不可"作"，肉还没上钩，一"作"就跑了。

第二，矛盾爆发期不可以"作"，箭在弦上、千钧一发之际，忍一时风平浪静，"作"一下覆水难收。

第三，"作"的力度大于对方的底线。

第四，"作"是临时手段，不可时时用、天天用、月月用。

说到这里我要介绍一个词——情感势力。这是一个我瞎编乱造的词，没有任何科学依据和来源出处，仅在本文用于解释"作"的相关原理。

很多时候，女生的"作"只是一种试探，试探对方对自己的感情是否达到可以忍受某种行为的程度。为什么要试探？因为不确定。作为对不确定的试探，那么其结果自然也是不确定的。男生可能忍了，也可能忍不下去。

世间用确定的成本，去做回报不确定的试探，本不是常规行为。

一般人做生意，不是给多少钱付出多少货吗？这种试探行为更像是赌博。去澳门赌场玩21点，那个码牌的小帅哥荷官看着我的时候，我能感觉类似的情感。一轮还有一轮，不爆点不罢休，总归要试到对方忍无可忍，才知道底线在哪里。

感情之事，说起来也是一场博弈。

本来就"不是东风压倒西风，就是西风压倒东风"，两性双方也有强势弱势一说。

感情之事，谁先开口，谁便是输了一局。A追B，便是B在强势，A在弱势。

但是情感势力是会发生变化的，被追的女生往往后知后觉习惯了这个人，依恋上这个人，两个人的情感势力，便渐渐发生了变化，若是对实际变化的情感势力浑然不觉，一味按照初见时的势力，继续强势下去，后果很是堪忧。

我想说的是，人必须对情感中的双方势力有一个准确的评价，这也就是为什么上文所说的"作的力度大于对方的底线"。倘若你稀罕别人比别人稀罕你更多，人家只有给你随手买个国产手机的爱，你非逼着人家给你买LV包，你觉得你还有"作"的资本和底气吗？

3."作"的根本原因。

"作"，轻者矫情，重者撒泼。不过，"作"并非女生独有，男生版的"作"就是疑心病，比如《不要和陌生人说话》里的安家和，唉，简直是童年阴影。

认识一个女孩，名牌大学毕业，学习好，长得漂亮，妥妥的女神范儿。她对谁都是温柔体贴、落落大方，让人如沐春风。但是一遇到感情上的事儿，各种拧巴。

比如要求男友天天给她送早餐，一天不送就是你不爱我了。男生给她买生日礼物，直男的审美大家也知道的，她又要求高，一不小心不合心意又是一顿不高兴。她不高兴起来，倒不会哭闹，就是一脸忧伤，暗自垂泪。男生问她："有事儿没？没事儿我先走啦？明天还要开会呢。"她强忍眼泪忧伤摇头，然后不高兴一个礼拜，男生各种莫名其妙。

她的逻辑就是，我可以包容别人，但你是我男朋友，你怎么能不懂我？后来男孩子受不了了，托我调停几次，最后我也受不了了，他俩和平分手。

后来我发现，妹子连续几次谈恋爱都是这个结果。原因何在？

虽然你是女神，你MV高，但是再高的MV也hold不住这个情感维护成本啊。情感的维护，需要男生的时间、金钱、精力以及男生的情感付出。一旦男生觉得成本太高撑不住，你再女神也无力回天。你会去花20万买一块宇宙第一前无古人后无来者至尊至醇极品典藏巧克力吗？

纵观妹子十年感情史，她在"作"的时候，无非就是需要男生表达出足够的爱意，一旦男生表达够了，她便罢休，然后就是等待下一轮"作"的发作。

这源于安全感的缺失，天天担心男生不爱她，非要想尽办法让人证明深爱她。

这种"作"不是有意识的、主动的"作"，她无法控制自己的不安全感，无法控制自己不"作"，是一种被动的自我保护措施，明知这样不好，下次还是这样。所以，同样是在"作"的领域，我们必须首先做到给足自己安全感，深信自己的魅力，方能信他对你的爱。在安全感爆棚的情况下再去"作"，方是可进可退，可操控于两个人之间，可把玩于股掌之上的"作"。

此所谓，主动的"作"，清醒的"作"，有目的的"作"。

4. 什么时候"作"，怎么"作"？

当你觉得双方情感中，情感势力的天平在往男生方向倾斜的时候，可以开始考虑"作"一下了。

比如明明工作不是很忙，对你却开始忽视了，电话也不打了，聊天也三言两语就结束了；从来没有忘记过的你的生日，竟然忘记了；以前叫人家小甜甜，现在叫人家牛夫人了。

这种落差一旦发现，就可以发"作"了，不要等到局面不好看了再收拾。

（1）"作"之前要快速考察一下时间、地点，预防意外情况的发生。

比如公共场合"作"，人家工作忙的时候"作"，当着人家朋友和同事的面"作"，都算是活该"作"死。也有男生"作"起来半夜在荒郊野外把女生抛下车的，真是被人宰了变成鬼都没人知道。因此，和所有投资理财的操作流程一样，安全性、可控性是"作"的时候必须要首先考虑的。

（2）既然"作"是一种隐含不确定性的试探，那么就要做好接受最坏结果的准备。

你的"作"算是一种出招，男生有可能接招，也有可能不接招。如果接招自然得偿所愿，要是不接招呢？你怎么给自己台阶下？这个台阶要先铺好。

比如吵架，你出门时大喊一声："我再也不想看到你，除非你跪着求我，否则我再也不回来了！"说这句话时你当然是希望如港台偶像剧里的剧情一般，男生扑上前抱大腿跪求，然后你俩相拥而泣，男生说，对不起宝贝都是我的错，我以后再也不惹你生气了。但是，万一那人脾气比你大，不求呢？你住宾馆吗？万一人家还是不求，你住宾馆住一个月吗？万一人家受够你了说分手，你要去跪着求他原谅吗？

这种类似"发誓"的句子，我建议要么不说，一说就要做到，言必行行必果，这样当你下次再说这样的话语，人家才会知道你每一句话都是当真的，才具有足够的震慑力。

（3）女生的"作"往往是要求男生自证对你的爱意，根据胡萝卜大棒原则，"作"完了记得给根胡萝卜。

假设晚上吃完宵夜回3楼的家，恰巧电梯坏了，你娇嗔一句："不想走嘛。"

注意，这里说完"不想走"就够了，不要把剩下的半句"你背我上去"说出来，否则万一人家拒绝了岂不是显得你很没面子？如上所说，先把自己的台阶铺好再说话，免得下不来台。

说不定男生顺着杆子爬上来了，就把你抱上去了。你觉得自己占了便宜很开心是不是？事情还没完。男生付出了体力讨你欢心，当然要给点甜头啦，好好夸夸他，给他倒一杯水，都算。当然也说不定男生也累得很，不接话，那就一起走上去，走楼梯的时候不妨走慢一点，嘴里嚷嚷累，让他拉你一把，也算扳回来半局。

如果"作"过头了，真下不来台，作为妹子有两大万能金句。

第一句：你舍得吗？

第二句：姨妈来了。

第一句万能金句应用于几乎所有场合，对方一旦说"舍得"，你露出委屈的表情扭头走就好。如果他还不拦着，那说明你之前"作"得太大了。

第二句万能金句的一般用法："昨天是我脾气不太好，姨妈来了。"用来道歉。这是生理原因，不理解就太不怜香惜玉啦。

（4）一旦发"作"，自己需要明确自己想要的结果。

像这样的对话是男生最头疼的。外人看着也头疼，就是不知道为啥这样的妹子很多。

女：你还爱我吗？

男：爱。

女：骗人！

男：我真的爱你。

女：你就会骗我！

男（已无力）：你要我怎么证明？

女：你连这点小事都做不到。

男：做做做，我做还不行吗？

女：你敷衍我。

这里面的妹子她自己想确定男生对她的爱意，但是她自己都不知道怎么样才算是确认了爱意，这样的"作"让对方非常困扰。如果真想这么"作"，请把"你还爱我吗？"换成"你嫌弃我"，杀伤力会小一点。

女：你嫌弃我。

男：我哪有？

女：你就是嫌弃，我又笨又懒又胖。

男：我真没这意思，我就是个建议，建议你……

（5）把自己的情感势力降到比实际更低，让对方来纠正你。

根据矫枉过正的道理，男生一般会纠正到比实际更高，所以你会赚到这一点点小小的价差。比如：

女：我知道你忙，算了，以后都不用记着了。不就是生日嘛，无所谓的。

男：没这事儿，我就这几天比较忙，我下次肯定记得。

女：这几天是几天？

男：就这一个月，项目赶进度嘛。

女：下次是几次？

男：以后所有的，我一定记住。（注意，男生满嘴跑火车的太多了，所有说"下次一定"的，都要留个心眼，做好防范措施。）

女：那要是又忘记呢？（追击）

男：这……

女：忘记一次就半年家务全包。做得到吗？

男：我……

女：你不是说"一定"吗？说话算数吗？（激将）

男：好，一言为定。

女：那这次，就这么算啦？

类似忘记生日、袜子不洗这种小事，积攒多了其实是非常烦人的，务必在一开头就做好防范措施，绝不留有后患。

（6）"作"可以作为一种报复手段，表达你对男生的不满。

比如，我一个闺密的男友工作非常忙，跟我闺密约会经常临时改期或是迟到。甚至这种因为工作的借口，渐渐成了习惯。闺密对此说也说了，骂也骂了，但他下次约会还是迟到。

对付这种屡教不改的，只能"作"给他看。于是闺密也改期，也迟到，也工作忙，这样不出两回，他立马老实了。

再比如你经常帮男生做事，久而久之他习惯成自然，装起大爷来了，这种情况最好就是爆发性地"作"，突然找个理由玩失踪，比如旅行、回家什么的，他抓狂了自然会想起你的好。

（7）低成本的"作"可以有较高频率额使用。

小"作"怡情，大"作"找死。日常生活中，不会对对方造成大成本的"作"可以调剂生活情趣。

某次闺密和她男友到西湖边，闺密非要吃糖葫芦，吃完一颗又说要吃星冰乐，然后闺密就一手咖啡一手糖葫芦众目睽睽之下卖矫情。她男友觉得可萌了！

还有个闺密，每次吃苹果不肯囫囵吃一个，要男友削皮、切片、拌酸奶、上牙签才肯吃。但是每次男友捧给她，她都特别欢喜雀跃的表情，各种"你最好啦""没有你我就要饿死啦""我要是离了你就没有苹果吃了"。结果某次她生病我给她削苹果，人家男友还不乐意，表示这是他的专属特权。

综上所述，不管怎样，"作"是一种临时性的非常规行为，是在对情感有确切把握下的小调剂。正常情况下，双方的沟通，建议仍以理性沟通为主流，尽量心平气和、有逻辑地进行意见交换。意见不同也不要伤和气，共同磋商解决。"作"的主要功能是调情和调戏，而非沟通，更非赌气，绝非威胁。

♡ 案例：大龄路人女一语定乾坤

这是个有年代感的故事，主人公是我的小姨阿云。

阿云小姨是我妈妈的表妹，身高一米四八，四肢粗短，容貌普通，头大脸圆。不但如此，她还穷，还没有文化，大字不识得一个，也不会打扮。不过她是那种真正聪明的女人。

你知道，对于真正聪明的女人，人们是不会说她聪明的。被人看出来的聪明从来不是聪明，最聪明的女人，周围舆论都说她人好，信任她，真心喜欢她，愿意帮助她——比如我的小姨。

35岁的小姨，在那个年代，在南方的那个小城市里，绝对比今天40多岁不结婚的女人更惹人非议。后来，她嫁给了一个36岁的公务员，当年的金领行业，对方一米七八的个子，英武帅气到照相馆的师傅给他拍照都不收钱，只求把他的照片框起来当展示用。

从18岁到28岁，小姨受到不少媒人的关注。

当时她还是农村户口，家里有一个哥哥，两个妹妹。她既穷，又长得不起眼，所以媒人并没有踏破门槛。仅有的几个上门来的，提供的也不过是跟她相配的庄稼汉。我没有鄙视农民的意思，但是那个年代南方的农村，生活水平的确是相当差的。

小姨拒绝了这些人。开头几年还好，后来一再拒绝，便渐渐传出小姨自命不凡的风言风语。渐渐地，不再有媒人登门。直到两个妹妹的小孩都上小学了，她还是没有出嫁。小姨的母亲为此破口大骂，后来小姨又是离家出走，又是说"再逼我嫁人就寻死"，到处找农药瓶子，终于迫使母亲消停下来。幸而她的哥哥十分心善，并不介意将来可能要承受给妹妹养老的负担。因此，我的小姨就这样一再拖着，拖到了28岁。

小姨家里有个远房亲戚是城里一家火电厂的工人，在火电厂托儿所做阿姨，帮人带带小孩。在当年，这个铁饭碗让农村的小姨家十分羡慕。

在小姨28岁这一年，这个阿姨从火电厂退休。根据当时的规矩，她可以指认一个继承人去顶班她的岗位。她有个上大学的儿子，根本看不上小城火电厂托儿所的岗位，这个指标便送给了小姨一家。

小姨的哥哥要照顾一家人的庄稼，根本走不开，二则他年纪也大了，有家有室有父母有田地，也不想走。而小姨的两个妹妹都出嫁了，有娃有男人，那时候村子里嫁出去的女人就是夫家的劳动力，他们的夫家也不希望媳妇孤身进城。

就这样，我的小姨来到托儿所洗衣扫地，照顾小孩，成为一名工人身份的保育阿姨。

妈妈说她这时候才知道，小姨坚持十年不嫁人，是等着这一个工人身份，等着这一张城市户口。

火电厂的托儿所里，官员的孩子和普通员工的孩子都放在一起，不过小姨总能从接孩子的家长的着装、气度上猜出这个人的身份。那时候我妈还小，喜欢到托儿所找小姨玩。傍晚时分，做完了一天工作的小姨就和我妈远远地坐在滑梯架子下，赌瓜子猜测谁是厂长，谁是伙夫，要是有争议，她们就去问托儿所老师。

每次都是小姨赢，她赢了很多瓜子，回头又买些米花糖补偿我妈。

小姨说，看一个人，一看领子，二看鞋子，三看拎包的方式。

托儿所不大，没多久，她把上百个孩子的背景都摸清楚了。

有一个孩子她特别上心，饿了尿了照顾得特别好，孩子哭的时候，她还买薄荷糖偷偷哄他。我妈说小时候特别生气她这点，昂贵的薄荷糖小姨自己都舍不得吃，也不给我妈吃，却对这个小孩子那么慷慨。

后来就有一个穿着十分整洁的人去小姨的宿舍拜访。我妈说，当时那位访客带了很多东西，水果罐头、麦乳精、南瓜子等，都是当时市面上不好买的东西。那人说儿子要升大班了，谢谢小姨对他儿子的照顾。

以我妈那时候的智商，也看出来那人来头不小。

小姨比我妈表现得还惊讶，问："你是他爸爸？"

访客点点头。

小姨有些手足无措，尴尬地说："我就觉得那孩子既聪明又漂亮，一来就跟我亲，特别有缘。"

那人把东西放下，道了声打扰，就准备走，被小姨拦住了。小姨非让他把东西带走。那人当然不肯，这样几个来回后，小姨败下阵来，终于让客人空手走了。

我妈后来才知道，那人是市里新来的调研员，厂子里没什么人认识他。

"为什么小姨不巴结厂长和书记的孩子呢？"我问过妈妈。她说，厂长、书记在那里那是人人知道的，他们的孩子到哪儿都是被宠着，你对他们再好，人家也只是以为你在巴结。既然要巴结，不如巴结个领情的。我妈常说，拜菩萨要拜小庙的，大庙菩萨香火多，拜了也未必记得你，小庙冷清，一点点香火就领情了。大概就是这个意思。

后来那些让妈妈虎视眈眈的高级食品，一点儿也没有进妈妈的嘴，都被小姨带到幼儿园去，偷偷喂给那个孩子了。

我妈说，欲要取之必先予之，做人、交朋友、求人办事，都是这个道理。小姨不识字，但这个道理她懂得很。有趣的是，那并不是小姨唯一讨好的孩子，她大概同时特别关注了二十来个这样的孩子，以至于自己明明蛮高的工资在当年都不够用。那些孩子中，大多数家长都对小姨赞不绝口、心知肚明，当然也有孩子回去不说的，算是小姨无效的投资了。

一年后，那个调研员的孩子要换幼儿园，火电厂自己的幼儿园是给普通员工放孩子的，稍微有点头衔的领导，孩子都在机关幼儿园里。那个调研员用了点关系，把小姨调到机关幼儿园继续照顾自己的孩子，而小姨的身份，也从保育阿姨升级到了老师。

她还是不识字，所以只是手工课的老师。幼儿园里大龄剩女的她成了众人"调戏"的对象，"怎么还不结婚啊？眼光这么高啊？"

小姨当年面对的舆论压力恐怕不低于如今的剩女，对此，她都是一句话反驳回去："工作太忙了，过几年再说吧。"

又是这样过了三年，她跟着幼儿园的小朋友学写字，跟着老师们学习，入了党员，评了三八红旗手。后来，她被评为优秀幼师，和其他优秀幼师被奖励到省外旅游。

同事们不再打趣她了，不过家长总是一茬一茬地换，总有不懂情况的笑着打趣她。有一天，她不再说忙了，她说："人太丑，没人要呀，要不，你给我介绍？"

机关幼儿园的老师们倒是欢喜雀跃了，心想：千年的铁树终于开花了。家长、同事们又都喜欢她，这条件说出去，介绍的对象就上了一个台阶。

这次来介绍的人，她不再简单地关门拒绝了。她总是借口工作忙，让人在幼儿园门口等她下班。她往往还没看到人家，人家就远远地被介绍人指着说，喏，这就是那个某某某。

她穿着工作服，微笑着抱着孩子，跟家长打招呼，跟孩子说再见。

这是她最美好的样子。

她不漂亮，怎么打扮都是一个效果，工作服和她工作的状态却可以成为她最美的妆容。

当她下班和相亲者见面的时候，这对于相亲者而言，看到的她已经不是第一印象了，而是第二印象。她借助自己生活中最认真、最专业、最美好的场景，人为制造出了一个第一印象，以此获得更高的加分。

但是她还是没有看上别人，她跟人聊天，却总是不给人下文。别人问她为什么，她就说不合适。然后再去和下一个人相亲，就这样断断续续地，一直在相亲。人们都说机关幼儿园有个女老师，眼光高得很，年纪大了还不肯嫁。说完总有人添油加醋地问上一句："那她一定很好看吧？"

后来她遇到了一个返城后外派了几年的知青，上过大学，因为种种原因一把年纪没有婚配，硬是撑到回城才开始筹划人生大事。

小姨说，不知为什么，不敢看那人的脸，只是低头看到了他的皮鞋，亮晶晶的，就觉得就是他了——这人后来成了我的姨父。他很帅，学历高，有文化，工作好，收入高，除了年纪大一点没什么不好的，小姨深怕这人瞒过了什么，托了我妈的父母去打听他的底细，得知底细也很清白，而且的确没有结过婚。

两个人就偷偷摸摸开始谈恋爱了。

姨父是个超级大文青，喜欢吹口琴、弹吉他，爱好跳探戈，会讲一口流利的俄语。他还酷爱摄影，有两台海鸥相机，这在当年可比什么单反M9牛气多了。姨夫放现在起码也是豆瓣红人级别。

我问小姨觉得姨父啥时候最帅，她说是换胶卷的时候，头埋在一件黑外套里，屁股撅在外面，叽咕一会儿就换好了——想想这品味也是独特。

姨父现在还津津乐道的一件事，就是他花三块钱买了一张交响乐的门票请小姨欣赏，小姨觉得不好乱花人家钱，第二天还给他三毛钱。我没文化的小姨，以为同一个剧院，交响乐的票价和电影一样呢。姨父不收小姨还不答应，收了又特别糟心，糟心了好几十年。

我问小姨，姨父是大学生，你那会儿写自己名字还歪歪扭扭的，合得来吗？

小姨说，就是因为知道自己和姨父最大的差距在文化上，所以很努力地补，当然是让姨父帮她补，姨父每天都来教她写字，给她念报纸，她认得的字差不多都是姨父教的。

想想这个画面也是很美，古代文人不是也喜欢手把手教妻子写字吗，应该是一件很有成就感的事情，就像现在的男生帮妹子刷机、修电脑一样。

再后来就是谈婚论嫁了，一个剩女和剩男结合的佳话。

就在红棉被都准备好了的时候，小姨发现，姨父的心似乎不太稳当了，来教她写字也来得不那么勤快了，甚至提起婚期，都是支支吾吾的不肯明确答复。

另外一个女人出现了，叫她小白菜吧，因为委实是一个苦命的女人。

小姨是某次偶然在姨父的信里发现的，以她在小城高干家长群中的影响力，经过抽丝剥茧，终于打探出一点消息。姨父在大一的时候就被下放农村，在同期下放的人里，有姨父心仪的女生——小白菜。她像小白菜一样柔弱，像小白菜一样纯洁，像小白菜一样人畜无害。

两个人是患难之交，情投意合，女神渐渐变成了女友，在下乡的日子里彼此温暖着。知识分子体力普遍差，姨父和他的小女友公分都很低，经常饥一顿饱一顿的，姨父又心疼人，把自己不多的食物分给女友，就这样，当冬天到来的时候，姨父渐渐病了，终于发展到病倒在床上的地步，赤脚医生治不了。由于那时候已经出现知青外逃的情况，大队里的人也不让送出去。

那时候大队书记是村子里最牛气、最能说话的人，定公分、发猪肉、给红卫兵大学的推荐指标都是大队书记定的，真是谁都不敢得罪他。小白菜就在那个风雪交加的夜里，看了一眼昏迷的姨父，毅然去了大队书记家。

这一夜，她没有回来。

人们再见到小白菜的时候，她已经神志恍惚、眼神涣散。

姨父最终还是被送出去医治，从死亡线上捡回一条命。等他回来的时候，小白菜已经不是那个小白菜了。他举着菜刀要去砍大队书记，被村民拦了下来，还被打了一顿。知青们愤怒了，群起反抗，却抵不过村民人多；罢工，却顶不住挨饿。最后事情被压了下来，不了了之。

小白菜渐渐疯癫了。知青们说，她不止被强暴一次，可是，他们打不过村民。

直到姨父可以返城的时候，小白菜被家人接回，姨父在家人的阻拦和自己的私心下，没有再打算娶她。

现在，姨父准备结婚了，眼前四肢粗短、容貌平平、不会写字、听不懂交响乐的小姨，益发和当年秀发披肩、气质出众、跳芭蕾舞的女神形成了强烈反差；自己大红喜字高高挂的幸福人生，益发和那个上海筒子楼里的疯癫女子形成了反差。为了弥补内心的愧疚，他开始往上海写信、寄东西，甚至偷偷去了一趟上海看望。

据说那时候，女孩的病好多了，只要不去刺激她，日常沟通还是能进行的。

姨父内心的犹豫又多了一分。

小姨打听清楚这些后，装作什么事情也没发生，一样上班一样谈恋爱。某天姨父说要去上海出差，小姨还给他打点了一堆东西，说："帮我送给那个妹妹吧。"

姨父当然吓坏了，忙装不知道。

小姨没理他，说："帮我送给她吧，她也不容易。人家为你受的苦，你该记着才好，以后每年去看看，也算知恩图报了。"

我妈说小姨这段话简直高级到了一个新境界。

首先，她点破了姨父心里的结。姨父一面觉得对小白菜抱歉，一面又因对小白菜一直抱歉着的状态，对小姨也觉得很抱歉。这种犹疑和徘徊，让他非常不安。小姨直接挑明了，你对她感到抱歉是应该的，先把姨父稳住了。

第二句，以后每年去看看，算是官方允许了姨父这种补偿的行为。是的，你是欠她的，你是应该补偿，我也让你去补偿。但是，你这补偿用钱用东西就够了，心安就好。要是她不让姨父去，说不定姨父心里愧疚感爆发，什么时候成为两个人的炸弹呢。

第三句，知恩图报。这句话算是给姨父这种行为定性了，你这是在报恩，不是在还情。既然是报恩，报了就报了，别磨磨唧唧没完没了的。

果然，那次去过上海以后，姨父的心理压力减轻了不少。后来他们每年都给上海寄东西，姨父一提起要去看看妹子，小姨就说我陪你去，两个人还真的去了一趟，小姨对小白菜各种嘘寒问暖，对小白菜父母各种照顾，给钱给物都非常大方到位。那之后，东西在送，姨父倒是一次也没提起过再去上海了。

或许觉得人生还要往前走，伤心往事能不提就不提了吧。

那个小白菜，当年就快40了，一直吃药抗病，现在快70了吧。

可见这个世界善恶并非都有报，因果也并非循环。我相信力量，不相信因果。我希望做一个有力量控制自己人生的人，这种力量，来自容颜，来自身体，更来自智慧，来自历练。

我为我那个坚定地知道自己要走什么路并且怎么走的小姨点赞。

人生好比打牌，有人一手烂牌，有人一手好牌。不管牌面如何，我们都有机会可以把牌打得更好一点。

第四章

热身运动——吃透彼此

　　好男人跟好女人一样，都要带得出去，带得回来。爱不仅仅是一种贲张的情感，还是一种约束的力量。爱情的开，在于用尽力气去爱一个人；爱情的合，在于分一点力气去拒绝其他人。这样，你的爱情有了荷尔蒙的温度，有了长时间的发酵，会酿造出更加醇厚的口感。

♡ 纯情撩骚，你到底是哪一款

课前预习：电影《黑天鹅》

王小圈曰：每一个男人在遇到黑天鹅以前，都以为自己喜欢白天鹅。

红玫瑰or白玫瑰？白天鹅or黑天鹅？清纯妹or性感妞？你是哪一款？你应该走哪种风格？你男神喜欢哪一款？

在我们成长的大多数阶段，女生被要求像个小男生，留着方便打理的短头发，穿着宽大的校服，受到忽略性别的同等对待。在中学阶段，稍微好一点的中学里，女孩除了在生理期，很多时候意识不到自己的性别。没有人告诉我胸部发育是美好的，我穿着不合身的棉布内衣躲躲闪闪，甚至觉得羞耻；没有人告诉我女性的坐姿、仪态应该怎样，我觉得自己和男孩子们毫无差别，大大咧咧、四仰八叉。

偶尔有女孩受到了追求，往往也完全不知道自己身为女性应当在两性关系中处于怎样的位置，就像和小伙伴相处一样和异性相处。大多数家教良好的高中女生甚至并不知道荷尔蒙让自己发生了怎样的变化。

直到大学，很多人有了自己的第一场恋爱，很多人开始有意识地以女生的方式打扮自己，把自己打扮成大学男生喜欢的样子——清纯甜美，青春洋溢（参照奶茶妹妹）。那个时候的男生往往也是第一次恋爱，就像一个少年第一次喝酒。

第一次喝酒的人喜欢什么口味？

肯定不是烧刀子不是伏特加，他稍显幼嫩的舌头和喉咙无法承受那种刺激。第一次喝酒，一般是酒精度5%左右的啤酒、果酒。即使是15度左右的红葡萄酒他也会觉得苦苦的单宁酸让他十分难受，他宁可偷偷加雪碧，即使那被认为是很不入流的喝法。然后慢慢地，他就会喜欢上15度左右的调制酒，15度的鸡尾酒不能少的就是"糖"，要的就是那种甜甜的口感、绚烂的颜色。

如果他渐渐对酒有了鉴赏能力，便开始喝25度的鸡尾酒，这种度数的鸡尾酒已经大大减少了糖分，口感也变得更加激烈。最后他成了一个爱酒的人，某一天他得到了一瓶昂贵的威士忌，如果他还清醒，就绝对不会在威士忌里放冰块以外的东西，甚至冰块都舍不得多放，就是欣赏那入口纯粹的口感。

如果你懂黄酒，就更简单了。小孩子端午喝黄酒都喜欢喝"香雪"，甜甜纯纯；懂酒的老人家喜欢"加饭"，越陈越好，基本不甜。

所以，大学里的男生第一次"品尝"女生，自然是选择纯纯甜甜的那一款。并非是因为他喜欢这一款，而是他的品味尚未被开发，无法欣赏更为女性化的美。你也会照着大学里流行的那一款打扮，清新简单。之后，随着阅历的增长，男生的口味会越来越重，而女生很多依旧还是小女孩模样，尤其在我们这个喜欢年轻妹子的社会里。

你要知道，"显得年轻"对于一个35岁以前的女人而言，并不见得是夸奖人的。我就不希望被人这样说，我觉得我每一年都比前一年好看，大学里不善打扮、一身土气的我简直不忍心看。"显得年轻"的意思是，你一直处于果酒、起泡酒的轻口味状态，这样的你适合绝大多数人喝，这样的酒也被摆在超市最显眼的柜面上，甚至也占据了最大的市场份额，但这不代表你的身价涨了上去。

一个拥有足够魅力的女人，应该被人称赞"有魅力"或是"美"，而不是"显得年轻"。不仅仅是你的外表，你的举止气度，你的一颦一笑，随着时间的发酵，渐渐将甜美清香的新酒变成一缸陈酿，醇厚悠长，伴随着更高的酒精度，更醉人也更受追捧。面对这样的你，追求者会从那些毛头小伙中脱离出来；这样的你，会吸引那些有阅历、更为成熟的男人。

当年那一朵纯洁的白玫瑰，变成一朵鲜艳的红玫瑰。

很多女生会遇到这样的问题：他曾经那么爱我，那么热烈地追求我，为什么现在感情渐渐地淡了？他是不是不爱我了？是他变心了吗？

嗯，你没变，是他变了。他的口味渐渐变重了，而这种变重是不可逆的。喝惯40度伏特加的人，你让他喝起泡酒，那简直就像喝水一样。

酒精、香烟、咖啡，一切让人上瘾的东西莫不如此。

自从我抽了尼古丁6.5的玉溪烟，我就对尼古丁3的薄荷女士烟下不了口。自从我用上好的咖啡机，上好的咖啡豆，喝了上好的清咖，我喝咖啡就再也不放牛奶和糖。

女人，也是让人上瘾的东西。你愿意做10块钱一瓶的调制起泡酒，还是上千元的威士忌？

男人的口味一直在变化，你还一如既往地简单？

或许有人要反驳我了，为什么极品富人就是喜欢娶特别年轻的女人？难道他们的口味还没进化？

他们的口味当然重了，但是你得看他们娶的是谁。一则，他们喜欢娶演艺圈的女人，这类女人，发酵得早、发酵得快，19岁就知道怎么妖娆了；二则，他们中还有一小部分喜欢娶娱乐圈外的小姑娘，这倒不是口味没进化，而是进化过头，返璞归真了。就跟上海人吃酒席，吃了一堆海鲜油腻，吃完回家半夜来一碗白粥、一碟酱菜清清口一样——这要玩过多少女人，才能回归到这样的口味？这种人你遇得到吗？

这几天一直跟人推荐娜塔丽·波特曼的《黑天鹅》，我不喜欢这片子，不喜欢这种故弄玄虚的情节，但是片子的人物设定能够很好地诠释两种不同的女性风味。每一个女人都可以是天鹅——或是白天鹅，贵气精致、优雅高洁；或是黑天鹅，放浪不羁、魅惑诱人。

白天鹅很像我周围那些到30岁都在走青春路线的女生，她们从小接受严格、刻板的教育，对自己要求很高，每天上班工作，下班回家，日复一日，生活像单摆一样规律。黑天鹅跳舞的时候披头散发，大声嬉笑，她纵情喝酒，轻轻松松和男人调情。

有些男人贱就贱在他既要求你有黑天鹅的诱惑，又要求你有白天鹅的纯洁，一个人饰演两种角色——就像《黑天鹅》的女主一样，这会让人精神分裂的。所以，如果不想像女主角一样自己捅自己一刀，姑娘们最好在一个时间点内给自己一个选择：你到底是黑天鹅还是白天鹅？

你选择了白天鹅，就清心寡欲、简单纯粹；你选择了黑天鹅，就使劲儿疯使劲儿玩，在不伤害自己的前提下把该经历的都经历了。

我曾经是白天鹅，我喜欢看书，喜欢打球，讨厌吵吵闹闹的地方。可是我是一个好奇心很重的人，那些从来没有泡过吧的妹子，你们不想进去看看吗？那些一本正经跑步健身的妹子，你们不想跳个性感的爵士舞看看男人为你着迷的样子吗？你们不想试试酒精的味道？香烟是否真的可以让人放松？大红唇、大波浪、小黑裙，低胸的低胸、高开叉的高开叉，跟男人说说笑笑？

不是把这些当作人生的终极，这只是一种练习。

男人在变成重口味之前，都以为自己喜欢的只是起泡酒。

男人在遇到黑天鹅之前，都以为自己喜欢的只是白天鹅。

有些男人适合定终身，可是哪儿来那么好的运气，身边总有可以定终身的男人。大多数时候，我们周围有一两个不靠谱的暧昧对象，或是有一个不那么靠谱的男友，这种情况下，你不必着急拒绝——并非所有恋爱都面向结婚，为什么不试试把某些不那么靠谱的人变成练手对象呢？技术练出来了，将来遇到靠谱的人，才不会变成生手无法应对啊。

在我看来，没有恋爱经验，简直比你穷矮丑还要可怕。这意味着你不知道怎么看穿一个人，不知道怎么应付一个人，无论是语言上还是身体上你都无法保护自己不受伤害，也无法让自己获利。你往往身心合一，很容易动心，而且不会操控自己的身。

1. 白天鹅不知道怎么反调戏。

下面请答题：一个男人问你"想不想我？"该如何回答？

白天鹅会在"想"和"不想"之间痛苦纠结，往往最后回答"不想"，不管是违心还是真心，这么答显得既不近人情又缺乏魅力。

黑天鹅会有很多回答，用一个问句来回答一个问句是非常常用的方法。她会回复："你呢？""你希望我是想你，还是不想你？""想不想你很重要吗？"

另外一种办法是偷换概念。可以回答："想，每次路过那家咖啡厅就想起你上次出丑的样子。"或者："怎么不想，你还欠我一顿饭呢，我最记仇的。"

如果当时感情很好，白天鹅大概会说"想"。同样是一个"想"字，黑天鹅会有其他的表达方式，比如："我也想不想啊。""要是能不想你就好了。"这两句话跟一个"想"字比，有着可以意会不可言传的微妙差别。

请继续答题：当一个男人挑起性话题，比如"刚刚楼下有人车震"或者"隔壁小夫妻天天半夜嘿咻吵死人了"时，该如何回答？

白天鹅会尴尬吧，然后避而不谈，或者干脆生气。当两个人暧昧的时候，就跟郭德纲的相声似的，有人抛出话题，自然就要有人捧哏接着，你要不接着，这暧昧的气氛就毁了，这样的人，会被人说没意思。

如果当着人面说，或许你还能满面飞红和羞走，不失为一种小女儿情趣，要是文字聊天呢？

黑天鹅会大喇喇扔过一句："你眼红啦？"男生一般会回复："有点。"说这句话的时候，你都能想象他口干舌燥的样子。再丢过去一句："眼红就去找个小姑娘呗！"

男生要是脸皮够厚，会说："这不正在跟小姑娘聊天呢。"

黑天鹅会说："我是大婶儿，又老又丑，你哪里看得上？"

这个时候男生就会开始把黑天鹅夸成一朵花儿，却往往不知道已经被黑天鹅成功闪避了性相关的尴尬话题。

2. 白天鹅不知道怎么调戏。

你又不是大美人，怎么能指望每次都是男生先对你有兴趣呢？男人没兴趣，只好我先来。

调戏的奥义在于两点：一是煽风点火；二是绝不表态。

比如对方说："今天过来运气特别好，一路都是绿灯。"你补一句："是啊是啊，真难得。"就没意思了，黑天鹅会笑着说："这年头红绿灯也看脸了。"

再比如对方说买了件衣服，黑天鹅会先夸一句好看，然后跟一句："这是要去相亲呢，还是要去相亲呢？"他去不去相亲不重要，你猜不猜相亲也不重要，重要的是，话题转了，气氛变了，生活中要是有背景音的话，大概你会感受到背景音都变了。

黑天鹅会说"你挺适合我的"，但坚决不说"我喜欢你"，顶多说一句"我喜欢你呀"。请仔细分辨"呀"作为语气助词在此的重要作用。绝不表态，就不会引火上身，让对方急火攻心——我偏不说你想听的话。

既然说了招，自然要说如何拆招。

要是男生说："你挺适合我的。"白天鹅内心肯定小鹿乱撞了，黑天鹅会说一句："我哪儿适合你了？"全部闪避！

3. 白天鹅不知道怎么反击。

反击不在于翻脸，不在于关机，拒绝沟通是最无力的反抗，有力的反抗在于沟通了，沟通完了对方拍脑袋一想：靠，被坑了。

相信不少妹子都遇到过这样的情况，被不够熟的人问："你是处女吗？"

这种问题翻脸是可以的，可是我觉得翻脸不足以表达我的反击。

我问他："你先告诉我，你是处男吗？"

对方说："不是呀！"

我问："什么时候第一次呀，在哪儿啊，跟谁啊？"

对方说："我为什么要告诉你呀？"

我说："那我也不用告诉你啊。"

然后对方为了得到答案，只得说一些大概的细节，结果又被我追问了好久，最后他问我："我说完了，那你现在可以告诉我了吧。"

我嘿嘿一笑，说："我让你先说，可没说你说了我也说呀。逗你呢，晚安。"然后我就把电话挂了。

黑天鹅和白天鹅的沟通风格差别很明显。

黑天鹅在想：我要不要赏你脸呢？白天鹅在想：我要不要拒绝你呢？

白天鹅努力想表达出自己的高冷，自己看不上人家，不管内心怎么想。

黑天鹅一个劲儿对自己说对方一定看不上自己，自己配不上，不管内心怎么想。

老道的男人遇到白天鹅，会看穿其紧张兮兮表面下的骚动内心，而对于黑天鹅，只好急于澄清"我怎么会看不上你呢"，这就正中其下怀。

黑天鹅的奥义在于勾引：不急不躁，先不动心，有招躲招，没招出招，没事一般不接招，接招必然跟一招。这是猫捉老鼠的心态——我不急着下口，我慢慢玩。但是黑天鹅很清楚自己想要什么，她只负责勾引，把对方的火头勾上来了，她若真的要，就会兴致勃勃来一发；她若不想要，就戛然而止，不带一丝留恋，让对方去抓耳挠腮。所以女神的口头禅是："我去洗澡了。"

白天鹅的奥义在于拒绝：欲迎还拒，明明动了心，偏偏装冷静；有招不出，没招更不出，接招一般接不住。这是傲娇公主的派头。问题是你一傲娇吧，对方也傲娇，就看谁熬得过谁，万一遇到一个比你还能熬的，最后绷不住先投降，场面上就不好看了。白天鹅的口头禅是："不要"，不过很多时候这个拒绝往往做不到彻底，于是天涯上又多了一群"我拗不过他""他一定要，我也没办法"的"被强奸"女。

白天鹅要是被忽视了，一脸委屈地吵架，或者干脆黑着脸冷暴力。

黑天鹅要是被忽视了，第一步就是热情似火，各种听话懂事，先把人心拉过来，然后在对方对她有热情的时候，以牙还牙，放一记冷箭。

所有的白天鹅终有一天，会等到男人厌倦的那一天。

所有的黑天鹅也难保有一天，会有男人吃腻的那一天。

有意思的是，人总是犯贱的，总喜欢自己没有的东西。

我胡打海摔惯了，偏偏喜欢温良俭让的世家子弟；我的闺密小白兔，标准的大家闺秀，偏偏中意江湖浪子。

所以，你最好经历过两种天鹅的日子，学会两种处世之道。

这样，你虽不能同时黑白同体，但至少能临时变身。

白天鹅变成黑天鹅，之后，还是可以再返璞归真变回白天鹅的。突然有一天觉得夜店好吵，酒好难喝，人好浮夸，就再也没有去过。现在我一年买不了两次衣服，用不了50ml卸妆油，素面朝天，读书，看海。这样的白天鹅，和最初的那只白天鹅已经有了质的差别。

见山是山，见山不是山，见山还是山。

若她涉世未深，就带她看尽人间繁华；若她心已沧桑，就带她坐旋转木马。

我是不是也可以这么说？

你若想见人间繁华，就做白天鹅简单质朴；你若想坐旋转木马，就做黑天鹅看尽沧桑。

♡ 长情短情，他又知是何许人

一个朋友，就叫她小白兔吧，她老公我先称之为渣渣，名符其实。八年恋爱，婚后没几个月就被异地劈腿，婚前朋友对他掏心掏肺，为他加班攒钱，婚后他劈腿劈得理直气壮，怒言："都是因为你，我才变成现在这个样子——焦虑、失眠、日夜不安。"小白兔的故事本书另有专述。

几年后小白兔的闺密遇到了几乎一模一样的问题，叫她小绵羊吧，不是因为她"面"，而是因为她是白羊座的。小白兔和小绵羊，几乎是相同的场景重现，我翻看了渣渣的私人微博，以及小绵羊老公的，相同率高达80%以上。

我们这里先讲一讲小绵羊，他老公就叫大灰狼吧，小三就叫小狐狸好了。

小绵羊和大灰狼也是在大学开始谈恋爱，彼此都是初恋，初恋结婚有一个风险，就是双方彼此都没有一个试错过程，你以为你爱的是这一款，直到你遇到你更爱的那一款出现。

【关于大灰狼】

大灰狼这个人是个情种，每一次，他爱了，就是深爱。当年他毕业后进了北京某机关部门，解决户口的那种，大家也知道北京户口这年头值多少钱，为了心爱的小绵羊，他毅然顶着家里的巨大压力离开北京，到小绵羊所在的城市找了一份营销的工作。这算真爱吧？没错，这是真爱。只是有些人的真爱，一辈子可以有好几次。

这种人最可怕的一点在于，他并不是演技好会骗人，他甚至不是演戏给你看，他爱你的时候，是真的全身心去爱你，当初要是小绵羊不肯嫁给他的话，他估计寻死觅活的事情都做得出来，他的感情是炽热的，他的表情是真挚的，他的心也是一片赤诚的。因为他的爱意是真的存在的，所以你根本没办法看出这里面有问题，在他的爱意里，连他自己也会被自己感动到。

当他爱上小狐狸的时候，也是一片真心，发布诸如"我真的很对不起你，害你如此煎熬，我却给不了你一分一毫的安定感，让你受到巨大的压力和谴责"的文字，我看他的微博小号，不知背景的话真要被感动哭了，简直是琼瑶阿姨笔下被全世界迫害的悲情恋人。这种真心和之前对小绵羊的，无甚差别，我甚至翻出他给两个人的情书，文字不一样，情感却是一样的真挚热烈。

我丝毫不怀疑这种感情是爱。只是两个人在一起，不仅仅是爱，更需要责任感。所谓喜欢就是放肆，爱就是克制。历来文章追求大开大合、大收大放，写文章的人都知道"大开"不难，难的是怎么"收"回来。相声里的于谦、主持界的蔡康永都是负责"收"的那个人，你们想象一下只有郭德纲的相声和只有小S的"康熙来了"吧，那就是有开没收的。

感情也是一样，好男人跟好女人一样，都要带得出去，带得回来。爱不仅仅是一种贲张的情感，还是一种约束的力量。爱情的开，在于用尽力气去爱一个人；爱情的合，在于分一点力气去拒绝其他人。这样，你的爱情有了荷尔蒙的温度，有了长时间的发酵，会酿造出更加醇厚的口感。

首先，他没有责任感。

见一个爱一个的人，他的爱没有责任感，没有约束力。曾经做下多少照顾她一生一世的许诺，曾经的那些想法、那些承诺他毫无遵守的迹象。这种人眼里，爱高于一切，为了爱可以抛家弃子，为了爱可以天地转换。当一个人的爱意没有责任感作为约束的时候，那满满的爱意，如堰塞湖的水，满当当随时决堤。

渣渣和大灰狼的家庭背景有着惊人的相似。

有时候不得不觉得老人家的智慧很有道理，诸如要求"门当户对"，要求"家世清白"。两个人的父亲都是不着调的人，渣渣的父亲一辈子东奔西走，没安安稳稳做过一番事业，全家人跟着他几千里搬家几十次，妻子含辛茹苦照顾家人，最后听到消息是外面有了人，有了人也就算了，还有了孩子。

而大灰狼家则更加堂而皇之，大灰狼的父亲结婚三次离婚三次。我要感慨一下基因的力量。我跟小白兔已经开始在打赌他这辈子要结几次婚了。

男孩子的第一个榜样就是父亲。不排除有些人很讨厌父亲，觉得自己将来一定不要像父亲一样生活。但是总有一些人在潜移默化中，将父亲当成样板；更有人一边讨厌父亲，一边不知不觉中变成父亲那样的人。比如渣渣的父子关系一般，大灰狼也是，可是，他们在事业上或许超越了父亲，他们对妻子的态度、对家庭的责任感，却是一点没变。

所以我说一个男人一诺千金有多重要。答应的事情一定要做到，这是对自己言行的负责。哪怕是很小的事情没做到我都会发火。小事可以言而无信的话，大事呢？说好的你给我办的事情都做不好，那说好的守护我一生一世呢？如果你对你自己都无法负责，对我呢，对我们的家庭，我们的孩子呢？

其次，他没有理性。

人活着每天都在博弈，我们通过揣测他人的行为，来预测、判断自己应该采取什么行动。我认为他收到礼物会高兴，所以我送他礼物；我认为我的付出能换来他的感激，所以我努力付出。所有这些预测都基于一点：我认为对方和我一样是有理性的人。但是有些人不按常理出牌，你不知道他下一分钟会做什么，像疯子一样。这种不可预测性，日积月累是非常可怕的。

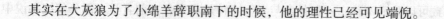

其实在大灰狼为了小绵羊辞职南下的时候，他的理性已经可见端倪。

小绵羊在南方的一个小城市，论发展论收入都远远不如北京，而大灰狼在北京实权部门当公务员，怎么说也应该是女方辞职才比较合算，但女生父母坚持说，要求男生到女生所在的城市，要求他出多少彩礼。即使这样，男生还是全部做到了，放着北京大好前途的公务员不做，毅然辞职，甚至放弃去温哥华读研的机会，到一个三四线小城，拿着微薄的薪水，开始做营销。

你可以说这表示他很爱她。但是换一个角度来看，这也代表他不是一个理性的人，他的爱太激烈，只有大开，没有大合，他自己对自己的爱没有什么控制力。他的爱不为距离、工作、理性牵绊，甚至不为婚姻牵绊。这种爱，来得快，走得也快，而且无法预测。

所以我说女生有时候要理智点儿，你爱得太疯没关系，你要求男生也跟你疯就不行了。你不给我这个就是不爱我，你半夜不来接我就是不爱我，你要是爱我你就现在跳到水里去，你要是爱我你就现在帮我去出气——诸如这些不理性的示爱，万一男的答应你了，不代表他爱你，只能代表他不够理性。

想到有些男的动不动当众下跪一天一夜，暴雨中淋成落汤鸡也要下跪道歉，还有道歉写血书，分手的时候自残等极端行为，都可以归结为不理性的行为。没错，他爱你，但这种不理性的爱迟早有一天会伤到你。遇到这种人，必须时刻有保护人身安全的警惕心。因为分手了自己寻死觅活的是这种人，给你泼硫酸下毒药的也是这种人。

大灰狼抛家弃子去北京追小三，事业家庭都要重新铺开，年纪一把了在小地方刚刚混出名堂，又推倒重来去大城市和小年轻拼体力，和小三开始一段新的不一定稳固的婚姻，怎么说都不是理性的行为，可是人家就这么做了，真是不能以常理推断。

【关于小绵羊】

有一个很有意思的说法，忘记哪儿来的了，说人对周围世界的心态，大致可以分成两种：一种是参与者，一种是观察者。前者是大部分传统小说中的人物，怨憎会，爱别离，情感丰沛；后者在部分现当代小说流派中有透彻的展示，典型的例子是法国作家卡缪的《局外人》。

《红楼梦》里贾宝玉和妙玉两个人玩暧昧，妙玉给宝玉生日道贺，自称"槛内人"，宝玉想了半天不知道该写什么名帖回复，请教邢岫烟，邢岫烟说，就自称"槛内人"。"槛外人"是出世者，妙玉自称自己冷眼旁观、不入俗流；"槛内人"是入世者，宝玉自谦自己温柔乡里，纵情悲喜。

普通人虽然没有活得这么极端，但也会有类似的分类。我觉得这只是人跟人的差别，两种不同的生存方式，并没有优劣之分。观察者更倾向于中立立场，冷静判断；参与者更倾向于充沛的情感，感受世界，各自都是有得有失吧。

年轻人往往对世界充满好奇，更愿意投入情感去感受世界，然后玩腻了，成熟了，开始理性分析、冷静判断，然后做出自己的选择——我要继续参与，还是跳出来成为观察者？不论何种选择都是可以理解的，但是最怕的是，一个人在还没有做出这种选择的时候，他就结婚了。

大灰狼骨子里就是一个参与者，但是他在他本该参与认知、纵情享乐的时候，压抑克制了自己的愿望，他为了前途发奋读书，努力工作。

小狐狸也是一个参与者，她比较成熟，就是觉得大吃大喝、玩玩闹闹特别有意思，选择过这样的生活。

但小绵羊是个观察者，她本是乖乖女，她和大灰狼一样从来没有放浪形骸过，年少时读书，读书，读书，开始能纵情玩乐的时候发现也不甚有兴趣，年长了读书、养生、工作，日子安静得像一朵睡莲。

当大灰狼发现小绵羊的时候，他发现一个跟自己一样的人，如此契合，于是两个人顺理成章地结婚，过着波澜不惊的日子。

但当发现小狐狸的时候，他发现了一个新世界，他从来没有享受过的世界。他发现原来人生还可以这样，他的激情被瞬间引爆了。小狐狸带领他进入了新世界。

你是观察者还是参与者?

观察者:

·往往对世界充满好奇,评价事物的时候总是站在公允的上帝视角。

·更倾向于尝试,而非感官享受。愿意尝试没吃过的食物或者运动,但不会沉溺其中一种。

·冷静判断形势,即使遇到挫折也不易崩溃。

·对喝酒、K歌、逛街、打球等娱乐活动表现出厌倦,有悲观倾向,沉静寡言。

·觉得自己是个看戏的,人生如戏,浮华过眼。

参与者:

·往往对世界充满热情,评价事物站在自身立场,对他人感受能善意理解。

·积极参与人际交往,一旦热衷某种食物、某种运动就会沉溺其中。

·对生活有热情,一旦下定决心就会全力投入,精力充沛。

·热衷娱乐活动,乐观、积极。

·觉得自己是个演员,戏如人生,看电影、小说特别有代入感。

如果你玩游戏的话,就会更容易理解,参与者就是代入感很强的玩家,观察者是代入感很差的玩家。以上两者并非完全对立,很多人会两者都占一点,就看哪个占的比例比较高了。

观察者可以和参与者成为伴侣,比如杨过(参与者)和小龙女(观察者),双方的爱情需要非常深厚才可互相包容——杨过愿意为了姑姑古墓终老,姑姑也愿意为了过儿下山体验热闹繁华。

补充一下,我之前提到的白天鹅和黑天鹅和这个是两个维度,并不相同,黑天鹅和白天鹅只是情感经验上、主动性上的差别,是对人的态度的差别，并非自己感受世界的差别。比如：

张爱玲那种对感情的疏离深刻算是黑天鹅的观察者，看尽烟花心里却是明白；

林徽因太太的客厅，就是黑天鹅的参与者，玩社交玩得乐在其中；

小龙女的懵懂冷淡，算是白天鹅的观察者；

郭襄的纯真热情，算是白天鹅的参与者。

【关于小狐狸】

从柏拉图和亚里士多德开始，到近代的休谟和康德，西方哲学就沿着感性和理性两条线，流出两条不同的曲线。如果你无法判断自己是参与者还是观察者，那么，你觉得自己更推崇感性还是理性？

我觉得无论感性还是理性，都没有对错之分，还是个人选择问题。

小狐狸是一个更注重感官的人，3分理性6分感性。她对生命充满了热情。一个年轻的女孩，尽情享受生命，是一件赏心悦目的事情。她在健身房挥汗如雨，她穿着小吊带热情奔放，她打扮得花枝招展进进出出，她一口喝下烈酒醉眼迷离，她掐着你的脖子揉乱你的头发哈哈大笑，她认真工作努力奋斗说要自己买车买房。

我看她的微博转发各种萌照，对社会不公拍案而起（同时也无建设性意见，她只是抒发不满的情绪而已），感受到这是一个带着温度的人，不一定睿智，但是鲜活、张扬。

而小绵羊则是9分理性1分感性。

她去健身房是例行公事，她穿衣服精致妥当，她看心情素颜或是裸妆，她不喝酒因为酒精伤身，她待人温和，她工作细致准点下班。

她的微博没有任何个人生活的痕迹，偶尔讨论一下书籍和制度，不会动气也没有动情。

我还是觉得理性和感性没有对错，只是个人选择。

但是小绵羊还有个致命的弱点：她不有趣。这是理性的人最容易有的问题。

小狐狸也不一定有趣，但是她至少有热情可以吸引人。而小绵羊没有热情也不有趣，整个人冷冰冰的没有温度。——参照薛宝钗，女生或许喜欢，但我问过几个熟读红楼的男生，他们大多更喜欢史湘云或者林黛玉。（我知道有人会说林黛玉不讨人喜欢，所以声明我问的都是熟读红楼的男生，不熟读的凭着刻板印象说她使小性儿的不算哈。）

举个例子：自己在家里做面包，有趣的妹子会突发奇想剪个兔子出来；做饭，有趣的妹子会想着捣鼓出什么新鲜花样出来而不是例行公事。有趣的妹子会偶尔买一束花插在房间里，会偶尔跑很远去一家新开的点心店，会对着电脑上一个搞怪表情图笑得直不起腰。理性和有趣是不矛盾的，可是小绵羊她毫无有趣点。

对了，她还有一个问题，就是看不起男生，觉得对方家世不如自己。她虽然生在小城市，但是在当地也算不大不小的官二代。小绵羊觉得男友是外地人又没根基，很是看不上眼。我是觉得，看不上眼这种态度，只能存在于你看上之前。一旦看上了，你都看上了，还有啥介意的？介意你就别看上啊。总觉得自己亏了，然后各种矫情、各种"作"，非要把这份亏补回来。

总之，大灰狼最后找到了自己喜欢的那一个，虽然这一个也不一定是最后一个。

他说的什么小绵羊脾气差都是借口。我看了两个人的微博大致对比了一下，我敢打赌小狐狸的脾气比小绵羊差多了，气急了能破口大骂的那种。总之不爱了，什么都做得不对就是了。

所以世间最好的男人，大概就是有见识，却又不是见识太多的男人。没见识的，跟个猫儿似的，沾着腥味儿就跑了；太有见识的，看开了，什么都放不到心上。

我若是个男人，我当最推崇李叔同那样的人生，年轻的时候什么没玩过没见过，温柔乡里纸醉金迷，然后遁入空门，万般不入眼，活得别样自在。

我若是个女人，我这辈子都不想遇到李叔同，他见识女人无数，再说"爱"已是奢侈，一朝遁入空门，便与你再无瓜葛。

再补充一下小绵羊和大灰狼故事的后续。小绵羊和律师沟通后，律师表示小绵羊没有大灰狼肉体出轨的证据，而精神出轨在我国婚姻法中是无法作为"过错方"证据的，也就是说在财产分割上，小绵羊没有半分好处。目前因为财产谈不拢，已经启动上诉离婚的程序。

所以，所谓"贱人自有天收"这句话，我是不信的，这很多时候是失败者对自己的安慰罢了。杀人放火金腰带，修桥铺路无尸骸。有多少人今生的恩情还不尽，有多少人今世的孽缘不够偿。于是人们只好用祥林嫂般的来世来骗那蠢人。倘若真有来世，你既喝了孟婆汤，忘了这条魂，敢问你还是你吗？敢问你来世是人是狗与你何干？

小狐狸和大灰狼的日子，将来也有可能过得很好，或许人家才是天生一对，小绵羊只是一个错误。这世道，老天要是长眼，就不会是现在这个样子了。

总结一下有的没的：

（1）家世不清白的人家，尤其是父亲没有家庭责任感、酗酒、搞外遇的人家，要小心。

（2）初恋结婚要注意男生品性，尤其是从小死读书没见识过花花草草的男的，玩大了会很疯。

（3）人不能太无趣，尤其是观察者视角的人，年纪轻轻毫无生活的热情，自己不会找乐子会让人乏味。

（4）进入恋爱后期不要把双方关系当成理所当然，爱情保险需要彼此的付出。

（5）如果看不上男生，就别跟人恋爱。不要恋爱了再唧唧歪歪，用"作死"来弥补自己的吃亏感。

（6）爱起来特别轰轰烈烈没理性的人，跑起来也特别快。放得太开的人，收不回来。

（7）中国婚姻法对女性的保护还是有限，一旦发现风吹草动，先稳住，保护财产。

（8）天道好轮回，就是不一定轮到你。

最后，希望每一个姑娘都嫁给你爱并且爱你的人，很多悲剧说到底，就是因为——一开始就不够爱，偏偏遇到一个缺爱的人。

第五章

恋爱进行时——控场节奏

被一个人不对等地追求并不是什么值得炫耀的事情。如果有男生愿意为你生为你死，对你百依百顺，这代表他觉得能够勾搭上你，是他赚了。换言之，他觉得他配不上你，即使你"作"到死，他还是可以用这种高攀女神的"赚了"的实惠感，来平衡自己的付出，达到情感上的收支平衡。

♡ 全场调度，敢问你算哪根葱

有时候你觉得很顺，有时候你觉得喝凉水也塞牙。有时候你觉得你身不由己，有时候你觉得总是不遂心愿，所托非人。两性关系中的控场技术——节奏为王。节奏不对，你就失去了控场能力。你的所有不满都源于对预期的落差，而双方预期的不对等，是冲突的源泉。很多时候，事情不是你想的那样。

1. 什么是控场？

打过篮球的人都知道，场上的明星一般是中锋、小前锋，他们是得分手，是大部分酷炫进球的表演者，但是场上的核心一般是那个个子小小的不起眼的组织后卫，他逡巡在三分线开外，兜兜转转，观察着全局的细微变化，策划、组织、发动每一次的进攻。

打过排球的人也知道，场上的明星大都是主攻手，他和副攻、接应二传抛出风骚的交叉小斜线，高高跃起，重重扣下。但是场上的队长大多数时候都是二传。他躲在网下，站在离场中央、离球网最近的地方，背对队友，用手指在后腰打出复杂的手势，指挥大家战术的配合。他是整个场面的控制者，左右球都要从他那边过手。高位吊打、快攻、二次球偷袭、反攻……他组织、预谋、调配，启动每一次的往返。

如果你没有打过这两种球，你多半也看过。篮球比赛瞬息万变，一分钟之内可以大比分反超，最后1秒钟也可以上演惊天大逆转。投手有"手顺"一说，手顺了连续进球，手不顺就持续不进，有经验的后卫会根据场上情况，选择给"手顺"的投手喂球。排球比赛中也是如此，这就好比打麻将的手气，顺手了连连发，手臭的时候连续失利。

场上最关键的人物——组织后卫或是二传，都对这种变化洞若烛火。更为关键的人，是教练。无论是篮球还是排球，每一次暂停都让人心惊胆战，暂停的原因往往是其中一方接连退败，而暂停过后，这种输赢的"手气"往往会产生大的变化。但无论这时候你坐在输家边上，还是赢家边上，你往往会听到教练和队长大声喊着——控场！控场！

我小学、高中、大学都是排球校队的二传手，初中、高中则是篮球校队的组织后卫。

我知道，在那样的位置上，我最大的作用是控场，我要保持我对整个局面的控制能力，赢不能浮躁，输不能乱阵脚，进攻和防守不是我的工作，但我要控制进攻和防守的节奏，我要让比赛的进度和分数，在可控的范围内进行。

另外，我很喜欢对抗性竞技比赛，是因为它们有一个很吸引人的地方，就是"意外"，也就是所谓的"爆冷""黑马"。看泰国大胜中国队有什么意思，要看就看中国赢巴西。以弱胜强，以弱逼强，以弱虽败强但是打得很好看，这才是对抗性竞技体育的吸引人之处。

感情也是一样。

高富帅迎娶白富美，穷小子娶了贫家女，这种故事是最常见的。但是，人们津津乐道的不就是穷小子迎娶白富美，灰姑娘嫁给王子吗？万一，你偶遇了男神，要不要试一试？这个世界这么多爆冷，说不定小概率事件给你遇上了呢？

一个有良好控场能力的人，在势均力敌的情况下，一定能赢得比赛。万一遇到强大的对手，也会有一定概率的胜算；万一他最后输了，场面也不会很难看。

2. 局势误判。

一场比赛的进度很简单。以排球为例，就是队长猜硬币，热身，开赛，8分时技术暂停，16分时技术暂停，20分以后进入心理压力巨大的时刻，25分时结束。

两个人的感情也有进度。简单的版本就是一垒二垒三垒。复杂点说，就是知道、认识、接触、语言交流、肢体接触、友善、暧昧、见彼此的朋友、确定关系、滚床单、介入彼此朋友圈、预谋结婚、介绍并面见双方父母等。其中有些关系是可以调换的，比如有些人先深入朋友圈，再确定恋爱关系，或者滚床单放在最后面。但是有些进度是不好换的，比如介绍双方父母和介入彼此的朋友圈。

打球的时候，双方队员对进度的理解是一致的，没有分歧，因为场上有裁判，有记分员，你知道你们现在处于什么进度。但是，感情没有。没有人告诉你你们现在处于什么关系，你只能通过他对你的表现来猜测，既然是猜测，就有可能猜错，猜错的后果就是你误判了场面局势，然后你就做出了错误的预期，于是你对对方低于预期的反应很不满意，开始吵架，各种"作"各种闹，导致关系逐渐恶化，最后分手收场。这时，你仰天长叹："是我做错了吗？"

你没错呀。

那是他错了吗？

他也没错呀。你们谁都没有错，只是你们对局势的判断不一样而已。

举个例子：

小明和小美刚刚认识，小明约了小美看电影吃饭，送她回家，说做我女朋友吧！小美本就很喜欢他，所以当场便开心地答应了。第二天小明说，我要加班我很忙，这几天不能送你回家了，然后就连续5天没联系，小美生气了，开始说你不在乎我了，冷战，热战，吵吵吵。

这里面很明显，小美太把自己当回事儿了。

有些男生属于脸皮比较厚、表达欲很强的类型，他们可以迅速追求一个人，然而迅速追求，并不代表他爱你有多深，这只是代表他行动力比较强而已。在他嘴里，"做我女朋友吧"不是"让我好好疼爱你""我不想离开你"的意思，而是"让我把你承包了吧，这样你就不会被其他人抢走了"的意思，说难听点，跟小狗撒尿划地盘没什么差别。

而我们天真的小美，就当真了。她觉得男女朋友代表了一种很深刻的关系，她觉得自己付出了足够多的真心，那么也要收到足够多的回报。

这种情况非常常见，一方觉得已经可以上床了，另一方觉得"你这个色狼"或者"怎么还不上我，会不会是gay啊"，以及女生要求男生天天一个电话，男生觉得你丫真烦。

3. 判断来源：观察力。

作为一个控场者，他关心的是全局的变化，然后用全局变化来调整自己的内心。比如自己的某个队友是不是有小情绪了，对方某个人是不是现在手非常不顺是个漏洞，哪个人体力不支了，哪个人刚刚被教练骂了。这些细节都被他的眼睛观察到，并一一记在心里，影响着他的决策和判断。

虽然比分意味着进度。可是那只是表面上的进程，就好像小明对小红说做我女朋友吧，然后他们见了一面，表面上他们就火速成了男女朋友。

但是比赛实际上还有一个你看不见的进度。有时候25分钟的比赛，10分钟的时候其实已经打完了，人人都知道结尾；而有些比赛，20分钟的时候，才意味着真正的决斗开始。现在到了什么进度？我们该发力还是储存实力？我们应该拼死一搏发大招，还是小心谨慎守着分数？什么样的进度，决定了控场者做出什么样的判断。一个优秀的控场者，是不会只看比分来判断进度的。

这就好像，一个情场老手不会看对方说的话来判断两个人的进度。他会像忍者一样，躲在暗处冷眼观察所有可能的信息。他说他很爱你，可是你加班忙到死的时候，他还是不断地打电话约你出来一起吃饭；他说你是他最牵挂的人，可是到现在为止他都没有带你见过他的朋友；他每天发些无关痛痒的微博、微信，里面却从来看不到你存在的痕迹；他说他要跟你年底结婚，可是你始终没见到他父母。

当一个男人真心喜欢一个女人的时候，那种捞到宝的狂喜是掩盖不住的。他恨不得宣告全世界某某是我女人，他乐意带着你见他所有的朋友，不管你是美是丑，只要他真心喜欢。这对于他而言，就是一种炫耀，他乐意炫耀。

他快速回复你的所有短信，就算你不在线他也连续分享给你好多有趣的资讯，他提前一个月开始想着你的生日，他去哪里都会问你要带点儿什么，他再忙也不会晾你好几天——这才是"我爱你"的表象。

如果0分是认识，25分是结婚，现在他告诉你场面比分牌是20分了，你需要通过这些观察知道，实际的进程顶多在8分，比赛远远没有打完，而且你的分数并没有领先。

只有通过观察，你才能知道真相。

有些人说好听一点是心大，说难听点就是没心眼。风雨欲来，别人都看出来了，就她懵懵懂懂浑然不觉。公司里谁跟谁一起吃饭，谁跟谁看着挺好背后翻脸，谁和谁面上毫无瓜葛，电梯间出来却相视一笑。在有些人眼里，这都是巨大的信息；在有些人眼里，看过就忘。

他最近总是提起某个名字，他从来不穿白色的衣服现在却有所改变，他的朋友说起某件事情为什么都低头笑了，问他一个很简单的问题他为什么迟疑很久，他为什么说上周六有事，却不说什么事。以前每次调戏他是不是有女生追，他都说"是呀是呀，好多姑娘追我"，这次却尴尬地说"哪有"。

风吹草动，皆是信息。

中场休息的时候，别人在听教练安排，控场者还要分出一只眼睛去看对面的教练。如果他在责备刚刚丢分的人，丢分者又不甚服气，那就安排主攻手好好打一打他的位置。

有人说我活得太累。如果你出身普通又没生得国色天香，还想活得轻松的话，那迟早有一天会发出诸如此类的疑问：

为什么他进公司比我晚，人比我年轻，绩效也没有特别高，却可以连续升迁？

为什么她长得不好看又没钱没势没学历，男神对她呵护备至？

有句话说得好：我这么费力，就是为了让我看起来毫不费力。

有费力的时候，就没有哭的时候。

对了，我方有控场者，对方也有，所以说做人演技很重要。

4.如何控场：节奏的把控。

神烦一句话："请带我走！"

很多女生内心深处有这样一种情结——被拯救。放弃自己的主动权，把命交付到另一个人的手里，这是杀生丸和他的小萝莉的爱情，不是我们成年人的世界。

小萝莉有主角光环，千钧一发之际总有杀生丸来救她，你没有。

杀生丸是圣光男二号，外表邪魅狷狂，心里却总是放不下小萝莉，可你男神不是。

当我遇到一段感情，我希望做那个控场的人，我要对进退有掌控权，我对我在感情中的表现有控制力，我对对方的所有反应要有预判的能力。一切尽在预期中，就算遇到终极男神，也会因为很明确自己是什么分量、有什么预期，而不会因为预期太高而被伤得体无完肤。

某个男生我很喜欢，他追我的时候非常主动，几乎第三天就表白"我爱你"。

我知道这个进度不对，如果我还在乎这个人，我必须把节奏压下来，所以我不是沾沾自喜"好开心男神喜欢我"，然后开始一段干柴烈火的感情。我很失落他的轻佻，我对他说："我们很熟吗？"

他说他受到了伤害。呵呵，伤害你又怎么了，总比我受伤害要好。

我们很熟吗？三天你了解我吗？你知道我《红楼梦》里最喜欢探春吗？你知道我是王阳明的脑残粉吗？你知道我喝豆浆要放酱油和葱花吗？你知道我喜欢什么体位吗？你爱我？我告诉你现在游戏刚刚开始，25分制，才1：0。

这是控场的一种方式——压慢节奏：我们慢慢来，慢慢来才有沉淀，才够厚实。

大学里还有一段感情，一个男生，认识很多年了，也暧昧了大半年，就是不捅破那层纸，可急死我了。你们知道要让一个金牛座觉得很急，那就是真的真的很急。

当感情趋于一成不变，最要紧的就是让生活出现意外。我跟他说我准备去非洲支教，申请表格全部填好了，疫苗都打了半箱了。然后眼泪汪汪地跟他说："等我回来，你说不定就有女朋友了，我要是死在那儿了，今天就是最后一面了。"

他说："不要去。"

"为什么？你算我什么人，你管我？"

"朋友。"

"朋友不够格。"

"男朋友。"

Bingo！（我再也不想跟摩羯座谈恋爱了，一年多终于逼出这句话，头发都白了。）

后来当然没有去非洲啦，反正我本来也不想去，我只是想改变一下不咸不淡的节奏，让生活有个改变的契机。这就是控场的另一种方式——变速：

等不及了，我要改变。

还有一种情况，就是明明节奏挺对的，你却提前通过控场来拉高自己的话语权，简言之，"作"。

这个问题其实在婆媳关系中最为突出。情感问题是互通的嘛，我们可以互相借鉴一下。比如，婆婆习惯衣架挂钩向外晾衣服，媳妇习惯向里。其实这本来算不上什么大事，但是双方为了确立自己女主人的地位，会通过这个小细节来展开拉锯战。这不是衣架的问题，是事关家庭地位以及决策权的根本性问题！

两性关系也是一样。普通朋友，人看着挺好，对你也挺好，每天问你要不要一起吃饭啊，大家都同事嘛，中午一起吃饭也很正常，不过你也开始感觉到他在追你，这时候他说要不要一起看电影？

看电影，属于私下邀约，这和一起吃工作餐有着很大的差别，你很想去，但是有耐心的人可以先拒绝一下，"啊，周五不行哦，我约了人。要不换个时间？"

这种拒绝只是为了确立自己的话语权，表明自己在双方关系中有着换挡和刹车的权利，但要谨记：小拒怡情，大拒伤身哦。

我有一点儿控场强迫症，我在恋爱中有着明确的意愿和目的，并且希望感情的进度按着我的意愿走。这是很多种情感处理方式中的一种，就像有些人喜欢"请带我走"一样，我觉得没有优劣之分，只是情感偏好。

有些人不愿意也懒得去弄清楚形势，也不想控制，或者有些人就是情感势力那么强，被人死死追着，有着随时发脾气不需要看脸色的权利，那么就不需要控场了。

不过，我还是想说，被一个人不对等地追求并不是什么值得炫耀的事情。

如果有男生愿意为你生为你死，对你百依百顺，那么根据我在前文所说的，这代表他觉得能够勾搭上你，是他赚了。换言之，他觉得他配不上你，即使你"作"到死，他还是可以用这种高攀女神的"赚了"的实惠感，来平衡自己的付出，达到情感上的收支平衡。

我比较喜欢去追男人。如上所说，你享受了被"主动"，说明男人觉得他高攀你，说明你低就了。换言之，你想高嫁，就必须主动一点，以女人的方式主动。

♡ 隔空喊话，网络电话两手抓

随着科技的发展，电脑和手机客户端的沟通手段也越来越多，沟通方式也越来越丰富，在远程沟通中，最传统的打电话渐渐失去了绝对垄断能力。这些沟通方式传递的内容无非以下四种形式：

（1）语音传达：语音电话、微信、电话留言等；

（2）文字和图像传达：短信、即时通讯工具（QQ）、大众社交平台（微博、微信、人人、知乎、豆瓣、BBS等）；

（3）其他个人传达：可穿戴式电子设备；

（4）实物远程传达：快递。

以上每一种都有其适用范围，最常见的是前两种，而后两种，作为漫漫长路的必要补充，可以在关键时刻发生奇效。

需要引起注意的是，这种线上联系，无论怎样其重要性都比不上真人和真人的见面。

1.远程初见。

我们按顺序讲，在感情发展的第一阶段，两个人甚至还没有见过，就有了远程联系，这种情况可以分两种处理。

第一种是目的明确的媒合介绍，朋友介绍给你一个他觉得适合的人，或者有人给你介绍相亲对象，往往会先把联系方式给你们。这种情况下，切记让男生先加你，并且先联系你。有些人在你给出联系方式后迟迟不加，或加了以后迟迟不说话的，千万要沉住气，让介绍人去催。相亲前的双方目的性明确，会有一点点小尴尬，为了化解这种尴尬，有以下两种办法可供参考：

一种是避而不谈相亲事宜。假装你们是邂逅的两个人，简单地互相介绍后，不要打探或者试图打探对方的个人信息，包括身高收入有房没房，父母有没有保险，包括网上盛传的"问停车费"这种看似精明实际low到爆的方式，还是不要使用了，这年头千万不能把对方当傻子。这种事情丢给介绍人去做，你就负责把自己塑造成有趣可人、温柔贤良的形象就好。

另外一种是开头就点破相亲。比如："你不怎么说话啊，看来也是被老妈逼着相亲的吧！"这句话第一次见面的时候也可以说，要注意这个"也"字，含蓄地表示自己是被逼着相亲的，暗指"我们两个才不急呢，都是被大人逼出来的"。要是对方憋不住笑了，双方的尴尬感就释放一半了。

至于对话技巧，参照我前文写的那样，避免做冷场女王，尽量让气氛热络起来就可以。如果男生要求你发照片，别大喇喇发过去。首先让男生发一张过来。如果看了觉得很丑，也不要失望，中国男生大多不怎么打扮，照片看着路人一个，真人可不一定。然后你发一张相亲专用照。

先来解释一下何为"相亲专用照"。

这张照片的拍摄难度跟前些年盛传的500元一张的一寸照有的一拼。25+的妹子大概都是人手一张了吧，记得要避免以下几个坑：

（1）自拍照，并且用美图秀秀什么的处理过。自拍照片因为摄像距离的原因，会显得脸大失真，妹子往往低头扭脸、搔首弄姿，不信你去看看有几张自拍照是大大方方拿得出手的？美图秀秀是个跟整容一样会让人上瘾的东西，调整后的脸，再好看，多半也会显得怪怪的。

（2）杜绝艺术照。这年头没几家照相馆能把人拍得自然的，一个个假睫毛、美瞳、大浓妆。上艺术照一来显得没诚意，二来你们总要见面的，反差大显得不诚实。

推荐找个靠谱的照相馆，画个裸妆，摘掉假睫毛。美瞳用那种自然点的，这些年吓死人的美瞳看得实在太多了。然后拍几张伪街拍风格的照片，喏，就是类似高圆圆经常发的那种图。我不懂相机，但是我知道高级的相机拍出来的人就是皮肤好，所以还是要到照相馆去拍。总之，务必拍得清新自然，这种照片有一张应付相亲就够了。

相亲约见前的远程联系只是确认双方的第一印象，很重要，但是没啥严重后果，极少有人因为不会说话导致无法见面的。

好，现在说第二种情况。

远程联系工具的私密性各不相同，大致可以认为BBS< 社交平台（豆瓣、新浪）<即时通讯工具（微信、QQ）<电话联系。

所以对于一个在BBS和社交平台上认识的人，可以顺着这个顺序一步步加他的联系方式，强化联系。需要注意的是，并不是一旦拥有私密性较高的联系工具，你就必须用那种方式联络，联系工具的选择必须和你们的关系匹配，比如你们明明只是点头之交，因为机缘巧合，你拥有了他的QQ号，然后天天上QQ去骚扰他，显然是不合适的。

网络社交平台人流量大而且不稳定，适合建立而非维持关系。建议所有有心"勾搭"的妹子，现在第一件事就是弄个美美的头像，把自己所有的账号（比如QQ）的头像都换成真人。

只有真人头像，才会让对方觉得这是个妹子，而非冷冰冰的ID。

把你那些猫猫狗狗、动漫人物、明星什么的头像都换下来，有脸的放脸，没脸的像我这样放半张脸，至于是放上半张下半张还是左半张右半张，自己挑。如果连半张脸都拿不出手的，就放背影，放逆光照。

现在，你在网络上是一个人，而非一条狗了。

假设你看上了一个社交网络平台上的人，想发展私人联系，怎么办？

首先要确定那个人来自什么社交平台，上面有什么样的人。

如果这个男生的账号在天涯八卦很活跃，基本上也就可以跟他说再见了。网易多死宅，豆瓣多基佬，知乎、科学松鼠会这种略好，就是技术宅太闷骚。知乎有个智商准入门槛，所以至少不至于太二。

好，现在我们假设，你在知乎上喜欢一个ID，你知道他的基本情况，是个工程师，接下来怎么办？

你觉得你有什么是吸引工程师注意的？无非是脑子和脸。脸只能在头像里体现了，脑子就是现在唯一的武器。知乎上的妹子，收起那些星座、血型、明星八卦，收起那些吃绿豆怕转基因的伪科学，认认真真聊科学知识就好。

于是你不耻下问，天天搭讪，终于你们连续聊了一星期了。你发现那个ID他还是跟你聊科学知识，毫无进展，怎么办？

据说一周是可以让人养成一个习惯的。如果你有足够耐心，再等几天也行。让他养成这个天天有人在线上跟他聊天的习惯。然后，你断线两天——这叫逼宫大法。

第三天你爬上去说："哎呀，最近好忙呀，都没时间上知乎了，手机不好上呀，你平时还用啥，你玩微信吗？"

他说微信你就加微信，说微博你就加微博。

假设现在你有了他的微博，你该知道一个上知乎的工程师喜欢什么东西，所以去微博上关注几个喜欢发科技内容的大号，随时转发一下就好。比如发动机示意图什么的，你不用表示你看懂了或者看不懂，发个"帅！""好萌"，或者小表情就可以了。如果那个工程师真的在用他的微博账号，他一定会注意到这个跟他志趣相投的姑娘。

这种看似不经意的撩骚，可以用到各个地方。当你集中火力准备强攻下某个男生的时候，可以说你的QQ签名档，你的微博微信，你所有的他能看到的社交通讯工具，都是你低调地吸引他注意力的办法。

逼宫大法还可以有进阶的应用。比如我男神就是天天在QQ上跟我聊啊聊的，也不主动约我。之前我为了勾搭住男神，天天陪他聊，几分钟到几个小时都有。过了很久我才发现这种聊天方式，其实阻碍了我跟他见面。

所以这种情况下不如掐掉QQ，QQ上找不到我，憋久了他就会打电话了。打电话是比QQ更加私密的联系方式，等你电话也总说不方便接的时候，他就会约你出去了。

当然，这里所有的拒绝，都是以更紧密的联系为目的，对自己的吸引力有足够的自信才可以这样做。

2. 暧昧期。

现在，你已经有了他的私人联络方式（QQ、微信、手机），并且可以直接联系他而不显得唐突了。你们开始有了朋友般的交流。你想更进一步发展。

暧昧是通往爱情的必经之路。不是你暧昧就是他暧昧。

假设他调戏你，气氛到了，感觉到了，你要是装正经，就无趣了。你要是说话落实了，就吃亏了。正经和不正经之间，情趣和骚包之间，只隔着一条细细的线。

说一个经典案例。

男：最近在学日文，觉得好难啊。

女：那为什么要学呢？

男：觉得日文说情话很好听。（第一回合调戏）

女：学会情话就够了，也不难啊。（第一回合调戏，已接招）

男：雅蠛蝶。（第一回合调戏已升级）

女：……会正经点的吗？

男：%#￥&（一堆日文）

女：不懂。

男：是"我爱你"的意思。（第二回合调戏）

女：夏目漱石说，日本人不会说"我爱你"。（第二回合，反调戏）

男：那日本人说什么的？（第二回合，已接招）

女：会说"今晚夜色好美"。那是"我爱你"的意思。

男：唔，今晚夜色好美。（第二回合反反调戏，反反调戏成功）

暧昧的两个"凡是"：凡是说破了就不是暧昧，直接说"我爱你"就太没意思了。凡是太正经也不是暧昧了。

注意，女生在第一回合被调戏时，说的是"会正经点的吗？"而不是"闭嘴"；在第二回合中说的是夏目漱石的话，而不是"不要乱说"。这就是一个会接招的妹子，会接招就不会冷场，男生会调戏，气氛便会暧昧起来。

而男生，从头到尾都没有说任何"我喜欢你"的话，却每一句话里都带着撩拨。

你看，暧昧本来就是两个人的事。如果他暧昧，你要会接招，不泼冷水，不尴尬，大大方方反弹回去。

那如果他不暧昧呢？

那就只好女生主动发起暧昧攻势了。

让男生觉得暧昧的话题如下：两性关系、前女友、对女生的态度、性相关话题（这个慎用）。

简单举例：

男：白天被公司老总骂一顿，有病，自己搞不清楚还骂我。

女：你老总一直那个脾气吗？

男：对的，大家都看他不爽很久了。

女：那他有太太吗？是不是家庭生活不和谐呀？（转移话题）

男：有，结婚好多年了。

女：我有个同事每次和他太太一闹，第二天就黑眼圈，蛮灵的。不过也有同事说加班回家看到太太熟睡，就会觉得一切都值得。（二次转移）

男：那估计得看脸。

女：你觉得要什么样的脸，会让你觉得上班值得？（转移成功）

接下来就可以认真调情了。

远程聊天的暧昧相比面对面的暧昧而言，有一个好处，就是话可以思量后再发出。而且，一些难度较高的说话技巧，可能脱口而出做不到了，打字还能撑一撑。但是远程聊天看不到表情，而这恰恰是暧昧中非常重要的要素，所以女生可以大量使用标点符号、表情符号和文字符来表达情绪。

比如当你不知道怎么接话的时候，三个句号组成的省略号就最适合不过啦。

暧昧期的关系不太稳定，可能期间会有一段时间男生突然冷淡你。那么最有效的办法莫过于把自己塑造成很受欢迎的样子。"不好意思这么晚才上线，跟朋友看电影去了呢。""下午约了人。""今天一个同事硬说要请我喝茶，真是的，才帮他一个小忙就这样。"诸如此类。

文字表述中尽量用代词，用"他"，这样能让对方知道是异性在约你。如果是语音对话，就顺便说几句"今天限号日他居然开车进城，男生就是胆子大"之类的，有意无意提醒对方，是男生在约你，此招也可以用于恋爱期，很灵哦。

3.恋爱期：远程关系维护。

既然已经恋爱了，就是最甜蜜的时候了。没什么要注意的，不要过度秀恩爱招人烦就好。

先说说不管是不是异地恋的情况。电话其实不是我常用的联络工具。因为看不到人，我们不知道那边的男生是在跟老板报告，还是在厕所拉屎，所以尽量不用。如果用，打电话超过三分钟，不管你们多熟，都问一句："现在方便吗？"

如果男生有不接电话的习惯，一定要调教好。这种习惯养不得，其中隐藏了一个非常巨大的风险——你有事没事都不接电话，你习惯了不接电话，如果某天我遇到危险，我还直接拨你的电话能确保得到第一时间的救援吗？所以，电话可以不理，但是告诉他必须接，接通了说一句："我在忙，待会儿打过来"。

现在说异地恋，如果有危机的话。

危机的爆发往往来自不信任。不信任你还爱着我，不信任你说的是实话。

所以治标治本的方法，就是彼此给予信任。虽然你们彼此天各一方，但是今天出门去哪里了说一声，遇到同学了也说一声。尤其单独见异性老同学这种事情，如果你不能保证今生今世他永远不会知道，还是说一声避避嫌疑比较好。要知道，最初的怀疑往往来自于对方不知道你在干嘛，开始乱猜，给他知道就好了。

如果对方疑心病重，连连如此还是压力山大，那就尽量给他画大饼——讨论未来。

告诉他，我的未来里有你，将来的具体某个时间点，我们会在一起，我和你一样期待。比如房子买哪里呀，孩子生几个呀，小孩上什么学校啦，看到烤箱盘子什么就发给他说"我以后要买这个"。至于你们现在兜里有几毛钱根本不重要，重要的是，这能让一个紧张远程关系的人松弛下来，相信你们的未来。

如果这样还不行，你们还是吵架了。

远程吵架的杀伤力比面对面来得严重得多。大概是因为吵得厉害的时候男生不能一把按住妹子的脑袋强吻，妹子也不能抱着汉子的背说不要走。

首先，互相发文字的时候，需要注意一下语境有没有歧义，很多句子是会造成不同的理解的，不同的语气、不同的音调说出来也不一样。对方收不到其他信息，按照自己的想法解读的话，造成歧义就会生气。所以发文字信息的时候，最好多想想，是不是太生硬，是不是有其他的解读，加个表情符号是不是会比较好。如果对方已经误解，那么第一时间要做的就是澄清，可是因为文字还是那个文字，所以文字的澄清也会显得毫无力度。

所以，最好的办法就是打电话。

电话吵架的攻略，第一条，不要抢话。如果他生气了，让他说，等他说完，然后问一句："你说完了吗？""现在可以我说了吗？""我说的时候你不要打断我好吗？""听我全部说完你再说好吗？"如果男生还是打断，你就闭嘴继续让他说，等他说完。

说话本身就是一种怒气的发泄，很多时候他自己都不知道自己在说什么，他只是需要发泄而已。发泄完了，脾气也就卸掉一半了。切忌两个人抢话，比谁的声音大，这样只会激化矛盾。

还有吵架的时候，突然挂电话是个很不好的习惯。就算实在受不了了，你也得先说一声："我不想听，我先挂了。""我有事我先挂了。"如果对方再打电话过来，就接电话重复一遍，如果对方还打，就按掉吧，那也太不知趣了。

同理，如果男生挂电话了，就不要再打了，"夺命连环call"是兵家之大忌。冷静冷静，等第二天想清楚了再说吧。

要是在电话里都说不清楚，写一封邮件发过去或许会好一点，文字结构要清晰，逻辑要清楚，不要超过500字。

4. 其他远程工具的使用。

我没有用过，但是觉得很多应用值得一试，比如测心跳的手环啦，会发光的戒指啦，还有很多。想想看，隔着几千公里知道对方的心跳也是蛮浪漫的。

5. 实物传递。

在快递业这么发达的时代，送点礼物真的是不费心思。如果不想费钱的话，寄明信片也可以。倒不是东西有多重要，而是这就像野生动物会在野外到处留下自己的尿液划地盘一样，你可以在他身边留下各种有你痕迹的东西——对内拉近情感，对外宣誓主权。

另外还可以提前送锦囊，比如他要离开半年，那就送180句话，让他每天拆一个，夏天的分别，到了冬天，他能看到你写的关于雪花的句子，有点幼稚的小浪漫哦。适合跨国恋，隔得远，又很难看到手抄的中文字。

♡案例：柔弱小白兔变身霸气女王

渣男有很多款，有远远走来就一股子人渣味的，有相处久了满肚子坏水一层一层泛上来的，也有仪表堂堂看似正人君子的。今天要说的这个人，很有现在"暖男"的特质——温柔，爱笑，说话细声细语，做事情又很有担当。

一个女人，一辈子遇到这样一个男人，堪称大劫。

就叫他渣渣吧，名副其实。

第一眼见到他的时候，是在学校里的手机维修店。他在那里勤工俭学，我把当年很洋气的java机递给他，他认真检查的样子真的是很好看。不过他的技术好像不是很高明，查了半天也没查出来问题，最后只得一脸抱歉地请我第二天去拿。

第二天去的时候，他收了我300块钱。手机倒是可以用了。他把我送出店门，偷偷对我说，以后修手机可以直接找他，不必到店里来，直接找他的话，可以打八折。——这是接私单呢，我想。不过我还是收下了他的名片。

不出一个月，手机又坏了，然后连续坏了两次。如果我知道这将花费我近一千块大洋去修一个30万像素的国产翻盖手机的话，我第一天就不会过去。不过也好，这样一来二去的跟他熟了，没事可以约出来吃吃饭也不错。

室友是个人精，功力远远在我之上。她听我说了手机的事儿后，说：

"这人心术不正。"她说他肯定从一开始就知道要修这么久，故意骗你的钱。我哪里听得进去，当时花痴还来不及呢。

第一次约出来见面的时候，他还是非常不好意思的样子，红着脸说要请客。吃饭时，我了解到他是我们学校最好的学院里的大学霸，是一个公益协会的负责人。

他家里有一家很大的公司，员工几千号，产业涉及建筑和制造业，他是董事会成员，他老爸是董事长兼总经理，并且持有公司超过50%的股份。这些我在饭后都查了一遍，确认是真实信息，他的确没有骗我。

而他在学校里勤工俭学，只是土豪体验生活。他说想自己赚钱给妈妈买生日礼物。

我仔细看他的行头，虽然当时并不懂什么牌子，不过一身的衣服鞋袜看着也是价格不菲，手机是诺基亚新款，电脑是IBM的高配（这是个有年代感的故事）。

有一次在校门口看到他回家，一个看着还蛮精神的人来接他，我问他那是你爸爸吗？他说不是，那是他爸爸的司机。

这个完美的男人让大一的小女孩心动不已。

作为一个金牛座，我还是透露了一点点倾慕他的意向。他很抱歉地看着我说："对不起，是我让你误会了，我有女朋友。"

我定了定神，觉得天昏地暗，立刻拉黑了他的电话号码。

几天后，觉得很受挫又百无聊赖的我忍不住跑去手机店，看看他还在不在，结果发现一个女生坐在那里，在整理单据。

我就去搭讪了一下，说渣渣给我修的手机又坏掉了，能不能预约返修。女生长得很清秀，有一种古典婉约的气质，就叫她小白兔吧。小白兔温温柔柔地说："这几天他不在，我让他回来给你打电话吧。"

我笑嘻嘻地说："你们眉眼长得有点像，你是不是她妹妹呀？"

她低着头腼腆地说："我是他女朋友。"

之后我路过手机店，总忍不住往里面看，看到他又坐在里面，头上绑着绷带。他似乎发现了外面有人在注意他，慢慢抬起了头。我飞也似地跑掉了。

说实话，小白兔比我漂亮太多，气质也好，输给这样的女生，我倒是没什么话可说。

当时学校搞了一个创新××班，我想都没想就去报名了，只希望把自己弄得忙起来，忘记他。

创新班里，我遇到了小白兔。她觉得我们很有缘，另外我虽然很遗憾渣渣有女友，却也很想听到渣渣的事情，就发挥见人说人话、见鬼说鬼话的本领，有心拉拢。小白兔就把我当朋友了。

后来我发现，我跟小白兔三观契合得很，竟然成了好朋友。直到现在，小白兔还是我闺密和私人银行——她超级有钱，而且非常肯借给我。

小白兔在高一就跟渣渣确定了关系，两个人都有学霸潜质，所以父母和老师并未反对。她是那种真正富养大的姑娘，纤弱而不娇气，温柔而又执着。

那时候我对明确拒绝我的渣渣印象很好，这也是一种负责任，不是吗？我对小白兔印象也很好，有一点点自惭形秽的感觉，白富美配高富帅，王子和公主，这才是美好的世界。

跟小白兔好了以后，我见到渣渣的机会也多了起来，打个招呼什么的。

他对小白兔非常非常好，是那种所有你们能想得到的好。他会把自己的银行卡给小白兔管，他会千里迢迢从城里（学校在郊区）买好吃的给小白兔。

比较独特的一点就是，他们并没有性生活，但是小白兔的生理期渣渣却记得很清楚。每次痛经时，小白兔会抱怨一下，他就会记下来，下个月提前几天提醒小白兔喝红糖姜汤。以至于某次我陪小白兔去医院看肚子疼，医生问她上一次来月经的日期时，茫然的她打电话给男朋友。

当年的小白兔，一头乌黑柔顺的长发，穿着雪白的连衣裙，单纯而文静，说话时声线低低柔柔的，永远微微低着头。她对任何东西的价格都没什么概念。她要是喜欢，上千块的布偶也随手买得；要是不喜欢，刚刚买的衣服转身就不要了。囊中羞涩的我跟在小白兔后面捡了不少自己这辈子都不会买的奢侈品。

现在的小白兔，一身黑色西装小套裙，穿着红底高跟鞋，一头栗色短发，夹着包包，一脸肃杀。我们说起渣渣现在的状况，她一拍大腿："切，那傻逼！哇哈哈哈哈。"

还有，现在的她，太阳稍微大一点就得戴墨镜，我知道，是因为某一年哭得太多，哭坏了眼睛。

我和小白兔、渣渣是同一年毕业的。

小白兔准备去一所大学的附属机构当财务，旱涝保收，有寒暑假，收入虽低但福利好。她说家里人希望她去大学，这样以后可以照顾家里。不过，渣渣更希望她去另外一家给她offer的大公司上班。

"他说我不是甘于庸碌工作的人。"小白兔甜蜜地笑着。

"可是你明明就是懒懒散散的人啊。"我说，"他到底安得什么心？"

小白兔有点生气我这么说："他也没有坚持，就那么一说，我父母挺坚决的，他拗不过，还是同意我去学校了。"

不久，小白兔举办了订婚酒，因为渣渣不是本地人，所以到的除了父母，大多是双方的同学。

而渣渣，已经不认识我了。

小白兔的父母对渣渣很是满意，脸上都笑开了花。渣渣爸也是西装笔挺，一看就是成功人士。渣渣的妈妈没有来。

我的人精室友说："这肯定有问题！绝对有问题！这种大事，为什么妈妈不来？"

渣渣爸说，渣渣妈身体不好，怕坐飞机，当然我们都信了。

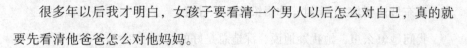

很多年以后我才明白，女孩子要看清一个男人以后怎么对自己，真的就要先看清他爸爸怎么对他妈妈。

渣渣爸说儿子将来是要接手企业的，企业不是那么好接手的，所以希望渣渣毕业后先去大公司工作几年锻炼锻炼，再回公司。

说的都很有道理。这样，渣渣去了一家著名的外企做销售，小白兔去了学校。我觉得高富帅与白富美的日子真是太美好，我自己是没指望了，但我希望子女至少能成中产吧，我去了一家外企广告公司上班。

刚刚开始上班的那段时间，我真的很烦很烦小白兔，我要上班要加班，要应对办公室里的各种复杂的人际关系，我还要听她叨叨工作多无聊。你们能理解一个看到6点下班时间到就很焦虑，因为今天的工作远远没有完成的人，听到一个人在4点多说"等下班，还有30分钟"的心情吗？

这样又过了三年。

对的，资深渣男的意思，就是他真的很资深，很多年。

在他们相恋的第十年，也就是渣渣爹（这也是个渣男，稍后再表）所谓的三年锻炼期到了，渣渣向小白兔求婚了。

小白兔那个开心啊，整个人都是神采奕奕的，拉着我天天看婚纱挑戒指买喜糖，我全程只说三个字"买买买！"反正不是我的钱。然后就是奢靡而盛大的婚礼。

婚礼上，渣渣爹说小白兔一过门就给一半股份，说到做到。

而小白兔爹虽然是造楼的，却是政府机关的人。一家人都不懂商人的做派，考察了一下男方的确有这份产业，又的确是知根知底这么多年的，自然也是十分信服。

结婚后升级富太太的小白兔在我某个加班到欲仙欲死的夜里打来电话。

她说渣渣想出国读MBA，这样更好接手企业。

我理解这种感觉，就好像明明说今晚吃红烧肉的，突然就改成东坡肉了。而东坡肉要炖2个小时，你得饿着肚子等着。

我问她怎么想，她犹疑地说，深造总是好的。

渣渣很懂礼数，一边表示自己多么多么想出去走走，然后非常谦卑地问小白兔是否同意，如果她不同意他就不会去了，一边又摆出一副辗转难眠、内心纠结的表情。

我当时的建议是：他其实心意已决，这些不过是做给你看的姿态。你若是不放他去，将来但凡有个工作、事业不顺利的，他会恨你一辈子。所以，不如放手，然后F2陪读签证过去。

小白兔的确也是这么做的。她非常大度地表示"一切以你的前途为重，为妻绝不拦路"。

然而，渣渣又说他爸爸希望他去公司，他自己想出国，所以爸爸说不会给他钱，MBA又不是那种能申请到奖学金的专业，所以，他希望小白兔换一份工作，帮他攒钱。

我后来觉得，他这个沟通的语序非常有问题。

正常人不是应该先说，我想读书但是读书的话我没钱，你能不能换个工作帮我攒钱？哪有先说你让不让我读书的。小白兔知道你富二代当然不会先考虑钱的问题啊。但是既然渣渣这么说了，小白兔深爱着他，就应了下来。

事实上，渣渣以为小白兔会跟岳父岳母开口要一大笔钱。但很遗憾，他小瞧了小白兔，她对父母啥也没说，真的找了个理由把清闲的工作给辞了。小白兔的专业不错，念书的时候还获过一些奖，很快她便去了一家金融企业，终于也像我一样忙成狗。

因为渣渣的销售工作很忙，所以除了GMAT和托福是他自己去考的，其他所有准备工作，包括写申请函，找人写推荐信，整理学校信息等繁琐的事情，都是小白兔在做。论文什么的，都是小白兔跟百忙之中的我，一遍一遍修改的。我的简历修改和个人包装技能，也在那个时候提升到了顶峰。

不过渣渣从外表上看真的属于高富帅级别，他爸爸公司的法定代表人写的是他，股份什么的持有人也是他，真的不费力气就可以包装成高级接班人的样子。

那时候我没有多想一想，股份是他的也就算了，为了法定代表人也是他？将来要是有个债务风险难道还要让他来背？是不是亲爹啊！

而我和小白兔本身也是很忙的人，所以，就是累成狗中狗的节奏。

有那么一段日子，我很平衡。我天天飞来飞去，她也是，有一次我们在同一个机场约咖啡，两个人四个黑眼圈一脸倦容苦笑。

我问她推荐信怎么样了，她说渣渣自己搞定了，一个是外企公司的上司，一个是自己家公司的合伙人，据说来头很大。

当时我心里咯噔了一下，忙问她："不是说他爸爸不同意出国吗？为什么推荐信用的是他爸爸这边的关系？"小白兔不以为然地笑着："父亲总是疼爱儿子的，改变主意了也不一定。"

"改变主意了，那就让他爸爸出钱啊！"我说。

小白兔摇摇头："都这么大了，能自己赚就自己赚吧，啃老总是不好的。"

当时小白兔的所有收入加起来，一个月平均能有三四万，可是她的消费超级节省。盛夏的某天，我们约了喝茶，喝完后她说去坐公交车回家，而公交车站离茶楼起码有1000米，她还穿着高跟鞋。

我说："打车吧，天太热，暴晒啊。"

"没事，能省一点是一点吧。反正我回家也要洗澡的。"她说。

"难道你刚才也是这么下了公交车走过来的？"我表示受到了惊吓。

她只是摇头笑着说："没关系，一点点路。"

我这是第一次看到那个曾经买个香水闻闻觉得不喜欢了就扔给我的大小姐，为了几十元打车费这么斤斤计较。

大半年后，开始等录取的消息，每一天都是煎熬。

渣渣突然得到他爸爸的消息，说公司遇到了一些债务危机，不大太平，让他去处理一下。

请允许我解释一下这个"不太平"是什么意思。

事情有点复杂。

渣渣爸的公司其实只是一张皮。曾经有一个美籍华裔要到这边来投资，但根据我国法律规定，某些行业的外资比例不能超过50%。所以渣渣爸作为勾兑人，空占51%的股份，为的是公司的合法性。华裔当然不是傻瓜，有其他方面的协议或者抽屉协议等来保证自己百分百的控制权，也就是说，实际上他爸爸在这家公司，啥都没有，就是个实际运营的跑腿人。

作为一个实业制造业，公司的盈利一直不是很好，亏损了好多年。华裔家大业大的一开始没在乎，现在他手中有一家小公司想包装上市，需要借壳上市，就看上了这个壳，准备把渣渣爸踢开。

渣渣爸当然不同意，在公司里发动制造工人罢工，在媒体上放消息，要把壳搞臭。

双方PK的场景我是没见到，据小白兔说其实也不是第一次了，每隔几年都会来这么一回，最严重的时候还会挂彩回来。

但这次，华裔似乎是铁了心要把公司弄过来。

渣渣爸混了这么多年当然也不是包子。这时候才跟他们说起，其实早在十年前，在俩人合作刚刚开始的时候，他就在异地注册了另外一个同名公司，把资产能转的偷偷转了过去。你说这样公司效益还会好吗？而那个有实际资产的公司，法人代表是渣渣爸。

然后那个华裔发大招了，首先他以商业欺诈的名义把渣渣告了（因为法人代表是渣渣嘛）。接着他对渣渣爸说，你儿子的推荐信是我写的，现在我就可以给那几所大学发函过去，说此人存在商业欺诈行为，正在通缉中，要求他们不录取。

这一招真的是太狠太狠了。

谁都知道，渣渣在那个时间点上，要啥没啥，工作也辞了，家业一团糟，过了好多学校的offer发送日期还是一个offer都没有，还背了一大堆莫名其妙的债务，简直是屌丝中的屌丝。你要知道，屌丝最惨也不过是一穷二白嘛，而高富帅登高跌重，要是穷起来，那就是狠狠的负数啊。

过程怎么样我不清楚，但是最后那个华裔找了个专业的代理人过来，用合法的非法的手段让渣渣爸把两家公司的股份都吐了出来，并且重伤进医院为止。同时，他发送了一批推荐函给渣渣申请的所有学校，告知此人正深陷商业欺诈，还特地截图发给渣渣一家。

也就是那么几天中的事情，渣渣一夜间从高富帅沦为高负丑。嗯，体重直线下降，肠胃炎爆发，人真的蛮丑的。

那些日子里，渣渣已经精神有点不太对了。

小白兔还是在没日没夜地加班攒钱，安慰他，去医院看他，支持他、鼓励他，自己加班回家还熬粥给渣渣喝。我跟小白兔说你要是没结婚我绝对劝你分手，她白了我一眼："人有起起落落不是挺正常的吗，受不住贫也耐不住富啊。"果然白富美就是有气度。

大概是某个热得冒泡的凌晨，渣渣守在电脑前的第N个夜晚，邮件提示音叮咚响了。北美最顶尖的大学商学院之一，给他发来了offer。于是叮咚之间，他又成为某某大学的MBA，重归神坛。

后来我们才知道，推荐人一旦发出推荐信，要收回是很难的。商学院见惯了这种端起碗吃肉、脱下裤子骂娘的人了，如果不提供有效证据证明自己的推荐存在不实情况，商学院是不予理会的。

小白兔是个很淡定的人，她对我说，看一个人是否大气，就要看他得意的时候是否张扬。渣渣去美国之前，和小白兔一起去高中看望了老师，老师问渣渣在做什么呀？

渣渣回答说："辞职了，待业中。"

老师就露出尴尬的神色。渣渣经历了这些事情，居然可以做到闭口不谈那层金光闪闪的光环，觉得也是足够有底气。

于是小白兔跟我说她的薪水加上大学以前攒的一部分钱，快40万了，全部给渣渣，渣渣自己这些年做销售也攒了几十万，加上渣渣爸抵押房子的贷款，基本上可以保证那两年的生活。

小白兔娇羞地说，渣渣说了，等他在美国安顿好了，就给她预约好当地的月子医院和妇产科检查，F2签证一过去就备孕，争取在美国把孩子生下来，要个美国户口。

我想想觉得这男孩子想得真周到，心思也细。果然是经历过大事的人。

就这样渣渣去美国了，小白兔继续苦逼地加班，我自己也经历了一场大风波侥幸留了一条命。我们坐在西湖边看着往来如梭的游人感叹，苦日子快要熬过去了。

不久，小白兔收到渣渣在美国的讯息，渣渣说在那边课程跟不上，过得很辛苦，而且爆发了抑郁症和肠胃炎，整个人都瘦了一大圈。小白兔在这边干着急，却什么忙都帮不上。

想想也是，渣渣本来也就是个小学霸，因为爸爸的关系，那个华裔的关系，他才有了一身金光闪闪的大公司董事的身份，其实呢，他的才华根本配不上这个身份。学校是根据申请函和面试等来录取人的，申请函上加分太多，就算你进去了将来也不一定能跟上里面的节奏。

这跟谈恋爱也很像，把自己包装成跟自己的实际水平不相符的人，就算骗男人上手了，恋爱也是很难维持的，不是吗？难道要骗一辈子，每年365天，每天24小时？

继续，渣渣在中国的时候，其实是蒙小白兔精心照顾，小白兔照顾他的身体，帮他写论文，搜索资料，甚至考试的报名机票的预定都是她做的。到了美国，失去了小白兔的照顾，他一下子不适应了。

这种不适应越来越强，直到某一天渣渣收到了学校的警告函，说他的体重接近最低标准了，按照学校的规定，男性体重低于某个值就要强制休学，养肥再来。

这把渣渣搞惨了，每天狂吃高热量食物，一边吃一边吐，一边适应环境，一边考试读书。

小白兔能做的，就是赚钱，打钱，安慰他，鼓励他，寄东西给他。

一个月后，渣渣说他这次小考考得不错，体重也渐渐恢复了，并感谢小白兔一直以来的扶持。

小白兔这才定下心来。小白兔一定心，我也就清净了不少。

这样的日子又持续了一个月吧。冬天还没到，小白兔发现渣渣越来越冷淡了，信息越发越少，她"翻墙"爬到Facebook上，发现很多渣渣和他某个女同学的照片，而下面，一堆人称呼这个女生"嫂子"。

这个男人的真面目被一点点揭开了。

其实这就是一个资深软饭男，之前他在国内，考试申请什么的，都是小白兔在弄，他就是需要一个人照顾他，自己坐享其成。到了美国以后，小白兔没办法再像以前那样事无巨细地照顾他了，他就换了一个女人（叫她黑天鹅吧）贴着。

黑天鹅是个在上海工作的妹子，在某知名外企做公关经理，长得不算好看，但是身材不错，穿衣大胆，平时喜欢健身，人也是风风火火的。跟小白兔比，她也能干，但是小白兔不喜欢邀功，什么事情都是默默地做了，哪怕花了很多时间改了十几遍的东西，终稿拿给渣渣的时候，渣渣也看不出来中间的辛苦过程，只会头一抬扔下一句："怎么这么晚才给我？"

黑天鹅就聪明多了，我觉得她的做法真的是很有深入学习的必要。

比如她帮男人做事，一件事情有个A、B、C、D四种做法，A是投入少、回报多的，是个人都会选A。但是黑天鹅就不，她就到了男人面前，详详细细地把四种做法的来龙去脉、优劣长短都说出来，然后对男人说，你帮我选一个吧。

男人不是傻子，当然选A啊。

她就说，对哦，那我照着你说的去做。

这样有两个好处：一是让男人知道她的工作量，吃力了就一定要讨好；二是让男人感觉自己有掌控权，得到了虚荣心的满足。

这样等事情办完以后，黑天鹅还会去夸夸渣渣："你好厉害哦，幸亏都听你的。"

她一点儿也不邀功。但是这种不邀功是不邀功劳邀苦劳，而不是小白兔那种默默无闻、累死没人问的。渣渣就觉得，这人真好啊，帮我做了这么多事情，真是太辛苦了，还这么善解人意。

渣渣的英文不是很好，刚过去时case讨论什么的吃了很多苦。而黑天鹅在这方面很厉害，就罩着他。生病的时候又是黑天鹅熬粥煮汤照顾他，他就记得黑天鹅当时的好了，怎么就不记得当年他最落魄的时候给他熬粥的那个人还是小白兔呢？

当然这些都是我们很久以后从他的同学渠道听到的消息，当时的我们只是觉得：这么老实的男人也会出轨，我再也不相信男人了；这男人要啥没啥的，也不是身怀巨器，黑天鹅图他啥呢？

小白兔在我这里哭了一宿以后，跟渣渣平心静气地进行了沟通，她没挑明说自己发现了黑天鹅，只是说回顾了一下两个人多年的感情，说自己很想渣渣，问他什么时候可以安顿好，接她去美国团聚。

渣渣用各种学业忙啊，物价高啊，心情不好啊等理由拒绝了。

当时我就在旁边，我一个劲儿地让小白兔沉住气，这种事一定要手里有筹码才能摊牌，否则就是把矛盾激化，把男人往外推。你是不在乎这个人了，可12000公里外的那个黑天鹅虎视眈眈地等你吐出这口肉呢，我不喜欢成人之美。

可惜，这只是我一个局外人的看法。

对于小白兔而言，渣渣是她十多年青春的全部，是体肤相亲的丈夫，是高一时的那个午后第一眼看到的温暖少年。她大哭起来，一边哭一边质问他那个女人是谁，问他还要不要这个家，问他对自己还有没有继续在一起的想法。

这些沟通都是打字进行的，所以渣渣大概是永远都不知道小白兔哭的画面了，文字上的小白兔还是那么安静、温和。

渣渣完全没有惊慌或者抱歉的意思，他说，我本来不想跟你说的，都是你好奇心太重才发现这个，你看，这样一来，难过的还是你。何必呢？

大有"你不查就没事了嘛，真是不会作就不会死，何必自寻烦恼呢？"的意思。

他没有说离婚，也没有否认跟别人在一起。他竟然先怪起了小白兔。

接下来的几天里小白兔没心思上班了，天天逼问他，让他给自己一个交代。她说她什么都可以接受，离婚也可以，但是一定要渣渣说明白，到底为什么，大有"死也要死个明白"的意思。

渣渣还是拖着。

这时候渣渣妈病了。好，老太太终于出场了。

介绍老太太之前，我先介绍下渣渣爸。

他是一个心比天高的人，有一点能力，但是有很大很大的野心。用现在的话说，就是能力配不上梦想。照理说那几年，只要是个安安分分工作的人，赶上房地产爆发的第一波，又是住在大城市，要积累一点家底是非常容易的。但是渣渣爸就不是，抵押房子，开厂，入股，偏偏能力有限，人又非常固执，总是失败。于是一家子跟着他从北到南，从西到东，十几年里搬家了二十多次，想想也是累得慌。

因此渣渣妹的学业非常糟糕，搞到后来大学都考不上。渣渣也算是自己脑子好，才考上不错的学校——对的，渣男的智商是很高的，智商越高，伤害值越大。

换个女人，可能早就受不了渣渣爸这种脾气的人了，要么一巴掌拍醒，要么一巴掌拍死。可惜，渣渣妈是个非常软弱的女人，参照《红楼梦》的尤二姐。她只会劝，劝不动，自己把自己气病了，然后就一直病歪歪的，不知道这算不算是一种另类的非暴力不合作抵抗。

她生病的时候，小白兔还是出于道义去看望了一下。

渣渣妈随口问了句小白兔辛苦不辛苦，什么时候去美国。小白兔就哭惨了，原来老妇人并不知道儿子在外面做什么。然后就是老太太陪着媳妇哭，哭完说一定给媳妇出气。

我想，婚姻中，公婆挑拨离间感情尚可的夫妻反目，是完全可以做到的。但是要捏合感情破裂的夫妻在一起却很难。因为要恨一个人很容易，要爱一个人很难。夫妻关系中，不管外界如何，男人爱她便视若珍宝，生气也是娇嗔，无知也是可爱；若是不爱了，隐忍便是乏味，多情更是烦扰，做什么都是错。

不管怎样，小白兔的确是那种公婆会很喜欢的类型，渣渣爸、渣渣妈，乃至渣渣妹都很喜欢她，当天一家人就轮番打电话过去了。

第二天，小白兔就接到了渣渣气急败坏的电话。

具体语句我不知道，但大致内容是责怪小白兔扰乱了他的全部生活，现在他没有精力去上课，茶饭不思，睡不好觉，体重又下降了。"都怪你，你为何要毁掉我！"

从那天开始，黑天鹅开始在人人、博客上同步更新她和渣渣的照片。一起出去玩的，一起躺在床上的，拥吻的，过生日被人祝福的，满满的都是阳光、大海、幸福生活。

小白兔彻底崩溃了。

要知道为什么分手，最好是知道为什么一开始在一起。

分手，有时候是因为你犯了错，而有时候，只是因为你看错了人，好吧，这也是犯错的一种。

小白兔的父亲在当地是个不大不小的官，搞城建的。白兔妈是教育系统的，也是响当当的职位。

而渣渣家，虽有房子那房子却是抵押出去的，无根之萍罢了，他所谓的家大业大从头到尾就只是一张空皮。他爸爸的公司是怎么一回事，他也是从小就知道的，但是这些，他在婚前闭口不提。

渣渣本来是打算借着这场婚姻，在当地站稳脚跟，所以这场婚姻，在一开始就是伪富二代欺骗真白富美的故事。

赚钱的本事没有，骗钱的本事很高，真是跟他爸爸一模一样。

工作后，他发现自己收入不错，白富美赚钱能力也有，才动起了出国的念头，而到了国外，他发现更想留下来，这样就不用回去了，那么老丈人也就没那么重要了，而且他发现了更能帮到他的女生——黑天鹅。

一方面，黑天鹅更风骚入骨，又是单身，她说她只有过一个男朋友；另一方面黑天鹅说自己家境优渥，资产丰厚，她叔叔很早就在美国开公司，有利于他毕业后的签证和绿卡。

他动用自己的三寸不烂之舌，又把自己包装回那个金光闪闪的少东家身份，获得了黑天鹅的关注。然后又把自己塑造成一个可怜兮兮的婚内不幸福的形象。对的，黑天鹅知道他结婚了，他们周围所有人都知道。

就这样，他们还一起出去玩，一群人起哄叫嫂子，一群人渣！

总之，那时候他拒接小白兔所有来电，QQ拉黑，人人网拉黑，然后黑天鹅继续发照片秀恩爱，小白兔还是忍不住去看。接着小白兔收到了来自黑天鹅的QQ和短信，趾高气扬地请她高抬贵手，放爱一条生路。

暑假他回家的时候，两个人离婚了。

高中三年，大学四年，工作三年，申请出国一年，他出国第一年。十二年，看清一个人，一个姑娘从16岁到28岁的宝贵青春，全部埋葬。

凌晨两点，我陪着小白兔在西湖边从北兜到南，她体贴地说："你快回去睡觉吧，我再坐坐。"我答应了，然后打电话叫她爸爸来接她，否则我真不能保证，她会不会一不小心跳下去。

之后的几个月，她一直让我跟她分析她的缺点。

"我是不是太笨？是不是不够女人？不化妆是不是不好？我要不要去垫

个鼻子？我气色不好，我反应太慢，我……"她说。

"别说了，那是渣渣的问题，你一定要自信啊！"我说。

小白兔还是很颓丧。

渣渣妈天天打电话哭着说永远认这个儿媳妇，可是这些又有什么用呢？

"我以前喜欢善良的人，现在我喜欢有本事的人，能抢走别人的男人也是种本事。打电话又有什么用呢？烦死了！"小白兔说着，把渣渣妈拉入黑名单。

在她最痛苦的时候，她在微博上收到了一封来自陌生人的站内信。那人自称是黑天鹅的前男友，就叫他大灰鸽吧。

后来，我们从他手里获得了相当多的渣渣和黑天鹅的资料。这是个技术宅+码农，来自某已倒闭的通讯巨头，性格有一点偏执狂的意思。

大灰鸽说他联系小白兔只有一个目的——他要联合小白兔扒出黑天鹅的行踪，因为黑天鹅欠他15万。

这笔钱是大灰鸽在1年前准备迎娶黑天鹅的彩礼。

他和黑天鹅是大学同学，大学里，黑天鹅吃他的用他的，还花他的钱交学费，毕业后俩人同居多年，都准备结婚了。两家商议好日子，订好了酒席，黑天鹅却不告而别，并且卷走了他七拼八凑好不容易得来的15万彩礼钱，还带走了他新买的笔记本。

黑天鹅的老家在某个边远的山区，大灰鸽曾花了很多力气去岳父母家，却发现已经举家迁走，邻居说迁到了上海和女儿女婿一起住了。他花了很多力气，才查到黑天鹅去了美国，又花了一切力气，在网上找到了刚刚被抛弃的小白兔。

有意思的时候，半年前，和小白兔一样颓丧的他被父母逼着参加了知名卫视的相亲节目，还真的借此找到了女朋友，并结婚了，新娘刚刚怀孕。

只是他总觉得咽不下这口气，见不得贱人过好日子，于是背着老婆伺机

找报复的机会。

小白兔是富家女，对于她而言，渣渣带走了她最珍贵的青春。

大灰鸽是凤凰男，对于他而言，黑天鹅带走了他最珍贵的钞票。

两个人一拍即合，天天秘密通讯，经过一番抽丝剥茧，终于一点点挖出了冰山下的真相。

是的，黑天鹅根本不是天鹅，她来自西部的一个贫困的山区，就连读大学的学费和生活费都是大灰鸽出的。

由此可知，渣渣被骗了。当人渣遇到人渣，真是大快人心。

大灰鸽在Facebook上伪装成一个金融行业的猎头，加了渣渣和黑天鹅好友，发现了俩人美国结婚的时间和地点。然后，大灰鸽申请了旅游签证，买了一张机票，他还邀约小白兔一起去，机票钱他出，被小白兔拒绝了。

真可惜，小白兔错过了一场非常精彩的闹剧。

从Facebook和微博各方渠道上总结的结果，大致情况是这样：大灰鸽先找到新郎，以HR身份聊了聊，然后确定他们第二天登记结婚。第三天的婚礼上，在婚礼之后、散场之前，大灰鸽趁新娘抛花球的时间，偷偷在新郎边上耳语了几句，然后故意被新娘看到。新娘的脸色当时就变了。

接着新郎跑过去打了新娘一巴掌，新娘哭着跑开，就是这样。大家都看到了。

真是个愉快的婚礼。

大灰鸽心情愉快地在美国兜了一圈，给自己太太和未出生的宝宝买了一堆婴儿用品，然后神清气爽地回国了。

要谢谢大灰鸽在这段时间陪伴失恋的小白兔，他把自己当时治疗情伤的经验倾囊相授，不断鼓励小白兔走出门去参加户外活动，甚至主动给她报名校友圈、同城圈的短途旅行。

而我们的小白兔，在那个圈子受到了热烈的欢迎。

废话，白富美谁不巴结。

小白兔开始在那个圈子里自己组织读书会、观影会，呼三喝五地去新餐馆品尝美食。

有很多青年才俊追求她，可是人家一听离异，大都散去了，也有人不想追她，只想上她。

小白兔很失望，渐渐拒绝和男生交往，只是在女生的烘焙圈、美食圈、健身圈里面混。

至少，她还是在积极热情地生活着。

又过了半年，渣渣回国了。MBA这种专业，是很难拿到绿卡的。既然黑天鹅根本没有什么当企业家的叔叔，自然也不容易留下来。

我只是奇怪两个人竟然没有离婚。

然后是铺天盖地的 秀！恩！爱！

微博、微信、人人、Facebook……到处都是他们两个人携手回国创业、报效国家的消息。男的帅女的美，的确看着很金童玉女。

对于渣渣和黑天鹅的创业，大灰鸽不屑地冷笑道，两个穷光蛋自己都一屁股债的，也没有海外工作经验，只是装成成功人士来骗骗国内的小风投罢了。我看了看，果然是一股子高洋上版的求爷爷告奶奶拉投资的架势。

已婚且婚姻幸福、稳定，会给投资人一种这个人靠谱的感觉吧。

果然，人还是要一张皮子的，皮子好什么人都会凑上来。

两个人过去的同学、同事纷纷在下面捧臭脚，各种吹捧各种祝福。他们很用心地在网上把自己营造成成功人士的形象，跟很多投资人、客户互粉。

大灰鸽说，黑天鹅那个小贱人竟然登陆了他的笔记本，他用技术手段把里面的相册抠了出来，大量黑天鹅当年的自拍照，他挑了几张发给小白兔，小白兔再发给我。

当时我就震惊了。

风骚的女人，真是有风骚的爱好。床照！大概一两百张的样子，有露点的，有不露点的。

还有三套婚纱照，跟不同的男人。这三个人里面，没有大灰鸽和渣渣。

于是大灰鸽用了我能想到的最极端的法子。

他用黑天鹅的名字加一个标点建了一个微博小号，头像用黑天鹅大号的照片。然后他@了所有黑天鹅和渣渣的关注人以及粉丝。接着开始发照片，不多不少，每天五张，目测可以发很久的样子。过了一周，他私信黑天鹅和渣渣的关注人以及粉丝——照片的集合。

黑天鹅发怒说要告他侵权，他说你告我侵权我就告你彩礼诈骗，这个对于一个到处装孙子拉投资的人而言，可比床照要狠多了。

有钱人会把钱交给一个流氓管理，却不见得会把钱交给一个骗子管理。

还是渣渣聪明，让他生病多年的老母亲出来求饶。大灰鸽看在老人家的面子上，删掉了露点的照片，其他的，该怎么办还是怎么办。他说，所有事情他都会抖出来，包括那三个跟他拍婚纱照的男人，他只是在找一个时机。

这就是事情到现在的所有结果。

突然觉得老人家说的还蛮有道理的，有多少命就有多少财。没有那个财，偏偏用命去挣，随后财不抵命，终究会伤到了自己。

现在渣渣和黑天鹅还在过着打肿脸充胖子的日子，而大灰鸽有一位温柔娴静的太太，还有一个漂亮可爱的女儿。

小白兔已经在公司里混到一个小主管当当，稍微清闲了点。现在的她，精神好、吃饭香、爽朗大气，咋咋呼呼，被我传染了一身女屌丝气息。因为她是甲方，更是养成一不高兴就拍桌子骂人的脾气，骂完就忘。

因为我本来以为自己将来会常驻杭州，手头给自己留了一堆的优质男，等着回杭州去勾搭。现在用不到了，统统半卖半送留给小白兔。上周我介绍了一个很不错的男生和她约会，她似乎又回到了少年的时光，害羞地说，有点心动。

我问男生如何，男生委婉地说："我更喜欢纤弱文气的女孩子，她有点儿强势。"

我笑了，她本纤弱，却被伤害；她若不坚强，怎能活下来。

总之，这个人也没有下文了。

谨以此文祝福我的小白兔，会有天使去爱你。

第六章

久攻不下——高冷主动

凡是有人教你，只要耍几个小滑头，用几个小心思、小聪明，就能轻轻松松钓到高富帅的，都不要去相信。小技巧、小滑头，那是随着阅历或知识的增加带来的副产品，所以你看着那些有技巧的女人在感情上获得了成功。但这不代表"因为她有技巧才成功"。技巧是副产品，成功的原因是她有了深厚的阅历或知识，所以她有了技巧。

♡骚扰成本，姑娘你省着点花

情场高手之"高冷主动"。运筹帷幄，但不显山露水；骚气满满，但不投怀送抱。话不多说，话中有话细思量；眼波流转，一笑一颦都是戏。

勾搭之初级目的：火都被你勾上来了！中极目的：裤子都脱了，你就给我看这个？终极目的：她喜不喜欢我不重要，我一定要表白！

1. 骚扰成本。

首先我来说说商业勾搭的专业操作手段。要相信，任何事情一到商业的角度，专业化程度就上去了，效率和效果就会上一个档次，没错，我说的就是专业勾搭。

我曾经有过一段时间短暂的用户关系维护经验，兼任一部分基于用户数据库的用户忠诚度管理工作。当时我手上有某产品80万的用户资料，换言之，我需要同时勾搭80万人。我拥有用户们的邮箱、手机、家庭住址等联系方式。我们对用户的联系方式按照骚扰程度的不同给予不同的评分，邮箱是2分，短信是10分，电话是20分，家庭住址是20分。

如果我给一个用户发了一封邮件就是累计被骚扰积分为2分，发两封就是4分，如果我再发一条短信，那就累积14分，我要是再发一封实体邮件，那就是34分。公司规定，每一个用户每两个月的累积被骚扰积分不得超过30分。也就是说，如果你这个月给用户打了一个电话，下个月就绝对不能再打电话了。

为什么要这么做？

举个例子，你刚好需要买乳液，去商店的时候导购小姐递上来一张乳液套装的优惠信息，你会觉得很感兴趣，然后读下去吧。如果她递上来的是一张卸妆水的广告单呢？如果恰恰很便宜，偏偏你又刚刚屯了一堆，你会很不爽吧。如果这是你家楼下的新开的商店，导购小姐连续几次这样让你不爽的话，你会不会因此干脆不再光顾那家店了呢？

这就是广告中很重要的，而会计守则又不做记录的成本——骚扰成本。

你花了广告费买了广告位，付了制作费做了广告内容，花了一大笔钱结果没有投其所好，客户本来对你的评价只是0或者说未知，因为看了你的广告觉得被骚扰导致评价下降到-1，这种骚扰成本是比广告财务成本本身更为严重的损失。

不过，这个积分是会随时间流逝渐渐清零的。换言之，如果导购小姐骚扰到你，结果你一年后又去了那家店，可能已经完全不记得一年前被骚扰过的事儿了，这样相当于上次的负分已经被清零，又可以重新开始。

我们最怕讨人嫌，所以公司规定每两个月的讨人嫌积分不得超过30分。万一不小心讨人嫌了，就要保证留出足够的时间给用户消化掉这种不爽感。

谈恋爱也是一样。

如果你要采取主动的策略，此时最重要的风控措施就是——绝对不能讨人嫌。

在两个人不够熟的前提下，你可以主动，但是你的每一次主动，都是在对方没有想到要联系的条件下发出的，所以，这种主动，可以视为一次骚扰。假设微信是2分，短信是10分，电话是20分，直接上门是40分。你最好给自己设立每月骚扰额度，省着点用。

所以，你的每一个主动，在情感账目上都是有成本的。这就是为什么很多人不建议女生主动的原因。"会不会被看轻啊？""他会不会觉得我很贱啊？"诸如此类的联想也是因此而来。聪明的女孩，应该学会开源而非节流——就像你缺钱了不应该省着花，省不了多少钱的，而是应该去多赚钱，赚多点才能改变局面——你要从他身上赚到好感，而且每一次赚到的好感，都要高于你付出去的骚扰成本。

有个妹子跟我说，男生对他不冷不淡的，主动联系了几次没有下文怎么办？

很明显，你的骚扰额度超标了。我理解这种按捺不住的心情，可是你那按捺不住的小女儿情态，在他眼里也只是烦人的骚扰罢了。什么？你说你一片真心？这年头真心还值几个钱，杨丽娟对刘德华还是真心呢，我对王思聪还一片真心天地可鉴呢，谁屌你？

额度超标了就等两天，不管有多百爪挠心，一定得等，这几天是让时间把你的骚扰成本淡化的几天。等淡化得差不多了，就要选择骚扰值更低的方式联系。如果你们微信聊天不冷不淡，那你就不要私信他，多发发他能看到的朋友圈；如果你们QQ聊天总是没有下文，那就关注他的微博、微信，往这边联系。

反正，打破头我也想不出为什么有人会夺命连环call的，一晚上能把几年的骚扰额度都用完，好感度直接降到负分了。

2. 聊天地图。

如果花了-2分的骚扰成本，换来一句"呵呵"，说明这买卖不值得。

如果一个微信主动发过去，换来一顿热络，聊完了还约了一顿饭，饭毕还看了一场电影，电影结束他送你回家。这就属于赚大了的骚扰，大概赚了50分的好感度，扣除-2分的骚扰成本，你赚了48分。（跟打游戏一样，好感度高到一定程度，你会获得阵营的支持，然后你会有触发"请当我女朋友吧"以及"请和我结婚吧"任务，啊不对，"请和我结婚吧"不是任务，这是一个超级大副本的拉人请求）——这种有赚的骚扰，我称之为善意骚扰。

因为每次骚扰都有骚扰成本产生，所以一旦开始骚扰，就要尽量拉高骚扰的回报，提高沟通的效率和质量。

问题来了，如何做到善意骚扰，而非骚扰。如何通过骚扰，勾搭对方，捞回成本？

首先，你要明确你的位置，现在是你在骚扰人家，把你的小矫情、小脾气都收一收，你就是一个跪舔的，不管你表现得怎么样，内心的态度一定要端正——你是去取悦一个人的，所以言谈举止都以"是否能有效取悦"为标准。

其次，既然要取悦一个人，你要了解对方的情况，知道这是一个怎么样的人。

去骚扰不够熟的人，最怕的一点，就是两个人没话说。

我说说我自己的吧。我一般不打无准备之战，一旦确定对这个人有兴趣，就会想尽办法去打听，比如知道他的邮箱，就可以上网搜出这个邮箱名相关的账号，可能是他用来注册的BBS，或者是博客。尽可能把这些资料都弄到手，一旦确定这些账号是本人以后，会去反复研究。了解一个人，在前期是非常重要的工作。我要是喜欢他，真是祖宗18代都会去搜出来。

之后，就能有针对性地去准备一些勾搭的内容。比如他喜欢某个导演的电影，那他点赞的几部是要看一看的；他喜欢羽毛球，那至少要知道女生适合换几磅的线。尽量挑能快速了解的内容比较重要，比如他要是喜欢玩魔兽，你去快速了解魔兽的各个角色和技能，那就不适合了，因为那个工作量实在是太大。

通常我会预备几个话题。

这个功夫是在勾搭一个ABC的时候学会的。我觉得以我的知识结构，绝大多数的人，我都是什么都可以聊的，能基本保证接得上话，但是那个ABC是一朵风中摇曳的例外奇葩。

ABC的世界，从语言到知识结构，从三观到日常生活，真的没有一个是一样的，我之前勾搭男人的所有经验值都在这人身上清零。我觉得这个人很有趣很想勾搭，但总是觉得很难下手，对我来说就像一个全新的操作系统，一种全新的没有字典的小语种教材一样。我对自己说，这个人要是能搞定，我大概可以走遍天下无敌手了。话题并不是一句话，一句话是很容易聊完的，我会在脑海中准备一张树状图。比如ABC对欧洲古代史很了解，有点书呆子气质，文科学霸。那几天在看《雷神》，就去查了下北欧神话雷神的词源，那就可以扯到西欧某个民族的神话，然后可以扯到神话的消亡，就必须扯到基督教的兴起，说到基督教呢，就不得不说罗马帝国的衰亡，然后可以谈谈几大基督教的分流，尤其是分流到非洲的那一支，就可以聊到西非文明史这么小众的话题了。

这样的准备，可以保证我跟他聊天的时候，即使一个话题聊完了，还会有其他话题源源不断接上来。对于认识但不熟悉的人而言，始终保持话题，避免冷场是非常重要的工作。这种工作一开始会比较吃力，仅限于你在最初勾搭的时候用，一旦你们的关系熟络了点，情感势力发生了变化，你觉得自己稍微有话语权的时候，就可以不管了，大可以把找话题的工作丢给男生。

这是个特别难的案例，因为你不能跟他聊电影（中英译名不一样，经常不知道在聊什么），不能聊童年生活（不一样），不能聊社会新闻（不一样），连我们读的书也不一样。一般的男生大概不需要树状图，用逻辑结构图就行了。

所谓逻辑结构图就是，程序员肯定见过，一个话题出来，如果是，则怎样；如果不是，则怎样，这样可以有好多层。例如，我想聊聊他前女友，如果他接招，我就跟他聊女友的专业，我姐姐也是这个专业的，听说美女很多……如果他不接招，那么就聊聊昨天的电影，我看过电影的小说；如果他愿意聊电影，那么我们可以聊聊里面的演员和导演，导演的好多片子我都喜欢；如果他愿意聊小说，那么我们说说这部小说的作者，她上一部小说销量非常差。

你看，这样就不怕没有话说。

骚扰别人最怕的就是，你好不容易鼓足勇气开口，却说了寥寥几句双方都找不到该说什么。如果在骚扰他之前画好地图做好功课，那么不管话题带到哪个方向，你至少都能保持话题的继续。

有妹子问我自己不会聊天该怎么办，跟同性都是很会聊天的，就是见到男生不知道说什么好。

我的回答是：妹子，这只能说你平时和同性聊的话题都太狭隘了。你们是不是只聊家长里短的八卦，只聊明星化妆品，只聊喜欢某某男生的那种小心思？——这种话题的确不适合跟男生聊，所以遇到男生你不知道说什么好。

我随机查了三个闺密的聊天记录，最近一次的聊天话题分别是：（1）大家试玩QQ手机推出匿名功能，然后开始讨论这对QQ产品定位意味着什么，为什么要加这个功能，对活跃度有什么短期和长期的影响；（2）有个闺密辞职了，大家讨论人到这个年纪公司里还没混出头的话，应该怎么重新规划自己的事业发展路线；（3）迪奥新出了一款胭脂水，大家讨论国内外价差，然后扯到为啥化妆品要收奢侈品税。

这三个闺密的话题，都是可以和男生无障碍分享的。不过我在广州的闺密圈里的确有那么一位，总是给人一种聊不来的感觉，人不错，平时约吃饭什么的都来，就是一聊天就觉得这人好无趣啊。无趣的人大概有两个原因：一是书读少了；二是人没有好奇心。

书读少了，你跟人聊天的时候无法分享有趣的东西；人没好奇心，则是无法兴致勃勃接受被人分享有趣的东西。我觉得要让自己变成聊天有趣的人，除了多读书，多出门，多见识，多思考以外，别无他法。

为了维护个人微博账号，我也关注了一些微博上聊感情的大V账号，不少还是几十万的大号，前段时间认真筛选了一下，忍不住把他们都取关了。凡是有人教你，只要耍几个小滑头，用几个小心思、小聪明，就能轻轻松松钓到高富帅的，都不要去相信。

小技巧、小滑头，那是随着阅历或知识的增加带来的副产品，所以你看着那些有技巧的女人在感情上获得了成功。但这不代表"因为她有技巧才成功"。技巧是副产品，成功的原因是她有了深厚的阅历或知识，所以她有了技巧。

化妆是最快速提升魅力的办法，所以也很容易被人看穿。

整容是快速、大幅度提升魅力的办法，可惜你提升的魅力也仅限于脸。

读书是最有效的提升魅力的办法，提升你的智慧、气质、说话、为人处世的态度等等全部，所以，回报高的东西付出总是多，见效总是慢。这个世界有时候还是挺公平。

不是让你不要化妆，而是希望你化妆的同时，不要忘记读书和思考。

其次你要开始主动。

（1）露脸。

这种情况首先要做的是"出现"。假装上洗手间也好，假装到饮水机前接水也好，总之先来来回回在他的视野里出现。

其次是"关注"，引起他的关注。你从他身旁经过时"不小心"掉了一本书，你在办公室问他借一个东西，多老套都没关系，认识是第一步嘛。

然后就是刚刚说的，找一切办法了解人家，这在聊天的时候很有帮助。谈恋爱，就是谈出来的。找到对方的兴趣点很重要，某些人总有些G点你一戳就准的。比如桌子上放的手办，要是质量不错，随便起个头儿，让对方聊得兴致勃勃绝对没问题。总之，要投其所好。

现在最初级阶段的主动，往往是来自网络平台，这种主动即使失败也不会产生较大的骚扰成本。首先你要有他的账号，然后全部看一遍，不要去骚扰他，做到互相关注就好，开始发自己的东西，关于他的兴趣点的东西。

（2）撩身。

始终觉得，在最初的阶段，心动和身动里面，最多只能动一个，甚至两个都不动也是可以勾搭的，但是不要都动了，那会让你很被动。

身动的奥义只有两句话：放得开，收得拢。

放得开是指语言和动作，肢体动作是拉近距离的最好方式。男生的肩膀和手肘算是安全区域，怎么拍怎么碰都没问题。如果想要碰脸和手的话，最好需要一点儿必须的理由，比如盯着人家的脸娇羞一笑，人家问了："笑什么呀？"你可以不好意思地说："有饭粒。"然后人家用手一擦，你摇摇头，再擦，再摇摇头，你终于忍无可忍伸手给他擦干净。

这种情况下，有没有饭粒根本不重要，重要的是，你用手擦了他的脸，属于安全线以内的近距离接触。还有出门玩时，说我做了饼干，要不要分你尝尝。亲手做的饼干当然要尝了，男生伸手的时候，你掏出一次性湿巾，大大方方给人擦手。这种行为放天涯上大概很"绿茶"，不过男生觉得不是就好，你看，都是挺有必要的肢体接触嘛。

最重要的是，肢体接触时以及肢体接触后，一定要保证表情、动作大方自然。而且主动的人必须是女生，如果对方主动搂腰，务必根据自身体型做女王式跳开或者小鹿式跳开。此为收得拢。

（3）撩心。

如上次所说，撩拨的话不必全真，不可全假，三分真，七分假，肥瘦搭配口感最佳。

有些话可以反着说，比如："你才不会喜欢我这种""我知道我讨人嫌""一定很多人追你吧"等。

就像很多人可以轻松把"穷"挂在嘴边，但不会影响周围的人对他们的态度。真正穷的人，他是不会说穷的，但凡说穷的，都是还有钱吃饭的，穷只是一种自嘲罢了。妹子你可以在男生面前自嘲矮、胖、丑、穷，逼着他说你好听的。

有些话可以敲打着说，比如："那边那个姑娘腿真好看。"对方若回答："是不错。"可以跟进一句："有我好看吗？"

比如他说最近健身辛苦，可以大胆盯着他的胸肌说："嗯，有效果，好让人流口水。练好了会有大把妹子跟着的。"

有些话想说又不好说的，不妨约出来喝酒，酒后什么话都可以当发酒疯，第二天醒来哈哈一笑说我忘了就行了。

出差标准语："等我。""等我回来。"

撒娇标准语："你一定觉得我很白痴/笨/幼稚/天真/二……"

约酒标准语："想喝酒，却找不到可以喝酒的人。"

因为你真话假话都说的效果，并不是让人认为你说的都是真话，而是让人分不清你说的是真话还是假话。这样一来，到后期可以说很多大喇喇的话，大家参照王熙凤的风格："可想死我了。""我说呢怎么约都约不出来，哪儿绊住了？""哎呀我最喜欢你了。"

这些话说的目的是撩拨他的同时，让他不信。对的，有些话说了是想要人信，而有些话恰恰相反，就是让他不信了，才会心里不安定，而不是吃定你。

要做到让人信，最好的办法是言行一致，而要做到让人不信，同理可推——言行不一致就好了。嘴上说着最喜欢你，扭头就跟别人叽叽喳喳说话。刚刚说想你想了一个月，结果和旁边一群人聊得火热哈哈大笑。回头你看她吧，她一个媚眼抛过来，拉着你的手说："怎么不说话了，我可是有一肚子话要跟你说。"

她还会跟男生提要求，从来不说："可不可以帮我做××？"只是一脸期待地看着你说："能不能帮我做××呀，我会很高兴的！"要是男生主动提出帮忙做什么，她从来不说："没关系啦，我自己来就可以。"她只说："那样不好吧，会弄到很晚呢。"（注意，这是个激将法，不是婉拒哦。）

据说最容易让妹子栽倒的不是"暖男"，而是"中央空调"，就是那种让所有人都暖的人。

让汉子最揪心的，也是这种"中央空调"一样的妹子。因为辐射面积比较大，捧场的人自然多，轮到他的机会就小。

对了，"中央空调"妹子有个特点，你不理他，她不理你，若是你们见面了，她态度却特别好，嘴又甜话又多——拉人出来见面也是有骚扰成本的，既然已经付了成本了，那一定要把本钱捞回来。

♡ 聊天功力，化无聊为有得聊

前几天遇到很多朋友问我，和男生总是没话说怎么办？

我觉得就跟看病要看病因一样。类似肚子痛之类的病症，有可能是胃溃疡，也有可能是胆囊结石或者急性阑尾炎。"没话说"只是一个临床症状，实际的病因确实千奇百怪，有可能是他本来就很烦你，有可能是他是一个闷油瓶，有可能他只是害羞不会说话，或者是你不会说话。

所以我邀请大家把自己觉得特别无聊的对话发给我，我没有数我收到了多少，反正我断断续续看了蛮久，主要是有些人大概把自己从谈恋爱到分手的全部对话都发给我了，绵绵不绝、源源不断。由于每一段对话都是让人没话找话，所以我看的也是十分心塞，基本要看一会儿再听一会儿脱口秀才能缓过来。

对话需要的技能无非两种：理解能力和表达能力。一场良好的对话，需要双方理解能力和表达能力都没问题。一旦一方有了一个问题，那么对话也就无法变得融洽。我看了这个"无聊对话集"，发现其中有相当一部分的妹子都很会说话——换言之，你们的问题不是对话的问题，而且其他问题，只是其他问题以对话的形式表现出来了而已。

首先说一下我整理的几个典型对话问题的表征：

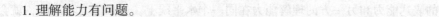

1. 理解能力有问题。

无法理解对话的意思，自然无法做出正常的反馈。举例如下：

男：回公司加班了。

女：那么辛苦啊。

男：事情总要完成的。

女：好好加油！肩负重任的工程师。

男：只是个打杂的。

女：每天要写代码的，怎么算打杂的？

这话你让我怎么接，我看到这个对话都心塞了。首先，"写代码"和"打杂"不矛盾，代码也有写底层架构的高级主程序，也有修修补补的小码农，后者的确是打杂的无误。其次，男生口中说自己只是个"打杂"的，是一种自嘲和调侃，人家用"打杂"形容自己写代码的活儿琐碎繁杂，不是真觉得自己打杂的。好比一个人跟你说"今天累成狗"，然后你过去摸摸他的头认真地说："哪有，你明明是个人啊！"气氛都被破坏掉了。

这种情况，最好就不用说话了，对方说"回公司加班"是一种拒绝继续对话的信号，这跟女神说"我要洗澡了"是一个意思，这种暗示一旦出现，这次对话就越快结束越好，否则算骚扰了。最好的办法是说"那你忙，不打扰了"，马上收手。

如果男生说"我只是个打杂的"，是把自己的档次主动降了下来，面对这种情况，一种办法是把他的档次抬起来，比如："主程序算打杂的，那你手下那堆算什么？擦灰的？"不过这个时候男生明显无心恋战，所以最好是顺着意思说："除了老板，还不都是打杂的。"把其他人的档次跟着他一起降下来。

一个良好的对话流程，知识量和知识结构的差异不是问题，但需要一方的表达能力和另一方的理解能力在同一个水平线上。如果能力不匹配，就会导致信息交流的低效率。好比一个巨大的排水口通往一个小水池，一会儿就塞满了，或者一个小水龙头灌一个游泳池，灌了很久也不见动静。

我的意思是，男生的表达能力和女生的理解能力必须是一个水平线的，男生的理解能力和女生的表达能力也是同理。但是男生的表达能力和女生的表达能力不一定要相同，这才是为什么这个世界上有那么多一个话唠一个闷油瓶的和谐组合。

2.不自知地给予消极意见。

两个人说话，尤其是还没有很熟的时候，尽可能多夸人家，不要损人家。举例如下：

女：我在试手机，这个颜色怎样？

男：这个颜色很适合女生呀。

女：我不想买这个，就发个链接给你看看而已。

你不买问人家干什么？人家以为你要买才去围观并给出意见，你不买你让人看，难道不是浪费别人感情吗？同一个人的第二例：

女：你在干嘛？

男（已知在医院）：我在洗苹果啦。

女：你在医院吃东西不难受吗？我最讨厌在医院吃东西啦。

就算你讨厌，人家也没有逼你吃，你这么一说，让人怎么接话？如果想表达同样意思，请用"建议"的句式，而非"否定"的句式，比如："我总觉得医院不太干净，你是不是饿晕了呀，下次回家再吃嘛。"

3. 讨论男性不擅长的话题。

很多直男是不适宜进行女性话题聊天的，不能理解这句话的请到天涯的国观和体育板块蹲一会儿，你就能体会对方的心情了。举例如下：

女：我跟一个闺密在逛街，她买了很多东西。

男：厉害。

敢问这句话，你希望一个直男怎么接？问你"你买了什么"吗？然后你一件件跟他说，我买了××的高跟鞋，××新款的唇膏，还有××的粉底液。人家根本不关心好吗，所以就用最简单的方式——"厉害"应付这个话题。你要说逛街也可以，说点其他的信息量，比如："今天××路又堵得厉害，你出门的话千万要记得绕开。"或者"我看到一家新开的蛋糕店，很不错的样子，要不要下次一起来吃？"

4. 表达效率低下。

另外，想让无聊的话变得有聊，信息量是非常重要的。请自行对比以下两句话：

——今天我吃了一个全家桶，刚刚喝了口水居然想吐。

——今天我吃了很多东西，一边看电视一边吃，吃了好久自己都没意识到吃了多少，等我发现饱了的时候已经吃了好多了，我觉得现在人好难受啊，肚子都胀鼓鼓的，水都不敢喝了。我好后悔，再也不吃这么多东西了。

很明显，我们更喜欢第一种对话的表达方式，简洁准确，在单位时间内传达了更多的信息。

第二句说了很多，但我们还是无法直观感受到你到底吃了多少，以及你到底有多难受。

很多时候我们会觉得某些人特别投缘，这种投缘的直接原因，往往是信息传达效率足够高，比如你喝咖啡的时候，一抬手，对方递上糖，你用一个抬手的动作，就表达了"我要糖"三个字，低于正常人的沟通成本，所以你觉得"他懂你"。你说了半句话，他把下面的话跟着说出来了，相当于你用一般的沟通成本，得到了一样的沟通信息，这就是效率，就是你觉得"他懂你"以及"相见恨晚""心有灵犀"。

表达效率低下，还有一种情况是"无信息量饶舌"。给一段心塞的对话：

男：这两个差别好大，哪个是你啊？

女：你相信哪个就是哪个。

男：我说第一个会有糖吃吗？

女：我的糖你敢吃吗？

男：我有什么不敢吃的。

这里男生其实还是蛮活络有心思的，心塞点在于女生那句"我的糖你敢吃吗？"说话之前先想想对方可以怎么回答，我觉得设身处地大概就是这个意思。对方除了说"我有什么不敢吃的"根本没有别的回答方式，难道让他说"你的糖我可不敢吃"？所以这句话的意义到底何在？是因为打字太快，手速超过脑速吗？

这里女生直接说"有！"就好。不管他猜的对不对，回头给糖又是一个见面套近乎的机会，正大光明，多好。

无信息量饶舌之二：

女：她不会做这个。

男：你怎么知道不会？

女：感觉不会。

男生总体来说是比女生稍微讲一点逻辑的，所以在双方还没有很熟的时候，请告诉对方你的逻辑，不要说这种"感觉""女人的直觉""我就是觉得""预感""第六感"。这种东西跟巫术一样，没办法说服别人的好吗？人家对你的逻辑还能有个支持或者反对的意见，对你的感觉，你让他怎么说？

所以话多的妹子，请注意自己的语言精练准确，言之有物，这是让对方觉得聊天有意思的重要原则。

5. 选择性疑问句的使用。

如果还在一开始没话说的阶段，尽量用特殊疑问句："为什么""怎么会""是什么"，而不是"是A还是B""是不是"。后者让对方能够很轻松地做出简短回答，然后两个人继续陷入尴尬的沉默。

选择疑问句：

——你玩不玩微博？

——玩啊，不过现在不玩了。

是非疑问句：

（大学城附近有那种特别荒凉的地方）

女：这都是还没开发的啊？

男：嗯。

其实第一个对话里可以继续问："你以前都在微博上看什么啊？"试探出他的兴趣偏好。或者问："那现在你用什么呢？""为什么不玩微博改用微信呢？""你觉得微信跟微博比有什么好处呢？"

第二个对话就只能借景抒情编故事了，例如："我小时候家里附近也有这么一块地，荒了好多年，我就天天去抓蚱蜢玩？你吃过烤蚱蜢吗？你有拍苍蝇喂蚂蚁吗？"或者"你说以后这里会开发成什么样子啊？要是学校能造个游泳池就好了，我从小就喜欢游泳。你呢？"

以上是从来信中总结的一些我认为可能存在的问题，查漏补缺一下。

不过，很多时候真的不是你不会说话的问题，而是他不想理你的问题。我说了所有技巧都是有限的，我见了王思聪也没办法让人跟我热络聊天。

其实上面说的，都是技术。我之前就说过了，相对于道行，技术的应用范围和应用周期是非常有限的。说话的确是有特别的技巧，这种技巧很多地方都可以学到，比如我小时很流行的杂志《演讲与口才》，前几年很流行的读心术、说话术之类的，我不建议读。只有术的妹子没有灵魂。

就像小时候做题目，学渣都是一道一道背例题，记住一点是一点。

但是学霸只会记原理，知道原理以后，所有题目融汇贯通。如果经历的多了、思考的多了，自然会从阅历中提炼出统一的说话法则。如果阅历不够，一味练习说话术，你都不能分辨那些招数是否适合你、适合哪个场景。一个眼神，一个闪光线，一阵风，就会影响两个人之间的气场，你确定那些说话术会事无巨细给你写得足够清楚？

嘴巴就是个工具，一个人什么样的脑子自然说什么样的话，脑子没货就不要指望看两本技巧书能做到满座生风，不过要做到不讨人嫌大概还是可以的。但是脑子有货的话，真的是完全不需要看说话术了，因为脑子里有货了，你就会自然而然形成自己的一套术，全球独家定制版，可以操控得游刃有余。

实力不够却精通说话术的妹子，给人一种小女孩穿大人衣服的不和谐感。尤其是当你遇到比你阅历深的人的时候，那点小小的术一不小心就会被对方看穿，然后被调戏得无力招架，也是很常见的。倒不如一开始就老老实实，不装不骚了。

根据我看的妹子的来信，我觉得大家绝大多数人，说话的技术都是过关的，聊不起来，并不是说话的问题。

语言表达水准，并不是和长相、家世、收入等要素一样可以独立出来的一个性能。语言只是一个窗口、一个渠道。言为心声，什么样的脑子说什么样的话，纯粹练习语言技巧，看尽了网上的各种说话技巧，治标不治本。想要获得更大的回报，汲取更大的力量，需要实力的提升。

大概有80%的妹子的无聊对话样本来信，都源于"日常生活"的聊天。

没有科学、艺术、人文，简言之，没有格调。

其实格调是脱离日常生活琐碎聊天的第一步。不要装过头就好了。

女：在干嘛？

男：吃饭。

女：吃啥呢？

男：没啥，海鲜炒饭。

比如："天气怎么样？""你吃了吗？""你这张照片照得真好看""我在干活。""我下周要去上班了。"这种对话对于相爱的两个人或许可以从中找到亲切点，但是对于尚未熟络的两个人，真的是有点无聊。而且，基于日常对话的聊天，你会聊，别人也会聊，这种聊天方式未免门槛太低了。

1.有趣的人对话，就像造房子一样，首先，你得有砖，高于日常生活的砖。

有些"砖头"本身就很有趣。记得某天我和当时的男友在学校里看到一块绿色的破布，中间有个红色的点，我说："那个好像孟加拉国旗哦。"他说："孟加拉国旗的红色图案不是在中间，你仔细看。"我拿出手机查了一下，发现果然不是，有一点点偏，真的是非常奇怪的国旗啊，偏那么一点，强迫症都要爆发了。

后来我们就聊到绿色代表穆斯林，聊到穆斯林娶四个老婆，聊到石油发现以前的沙特有多落后，他说沙特国王有几百个老婆。我就问他，不是教义说只能娶四个老婆吗？他说对呀，所以为了遵守教义，国王只好不停地离婚，车轮战，始终保持在线老婆只有四个。

这一切对话，只是源于一块绿色的脏兮兮的破布。如果他没有这些知识储备，路过破布也只是一块像孟加拉国旗的破布，哦一声完了。砖头储备丰富的人，在他眼里这个世界本身就是很有趣的，因为知识点多，点对点就可以联系起来。

推荐一个微博@博物杂志，这个微博几乎什么活物都知道，一群人在下边喊着要给他生猴子，大家可以围观一下，如果他是一个活人的话，我觉得非常有魅力。他会满大街指给你看：这是夹竹桃天蛾，它的幼虫跟俄罗斯世界杯的logo很像；那个是白额高脚蛛，爬起来飞快仔细看很萌。

两个人没话聊的时候，就两种办法，一种是把话题不断深化：你干嘛呀，看电视呀，看什么呀，爸爸去哪儿，哦哦我喜欢张亮，腿可长，哈哈抱大腿照片你看了没……

另外一种是把话题不断平铺：你干嘛呀，看电视呀，哦哦，我给你推荐个美剧特别好看，我不看美剧，那给你推荐个电影吧，昨天刚看过笑死我了……

我说了给我来信的妹子80%都卡死在这一关上。这一关过了，至少基本的聊天时间就可以保证。实在没话讲的，见男神之前尽可能了解男神的喜好，把脾气摸透了，有针对性地想好5个话题记手机上再过去。

这个你真的是有话题才能做到"有聊"，要是用一般说话术的技巧，用各种看似连贯的语言把两个人的各种空白时间填满，当时看上去是不尴尬了，可是回头一想，还是挺无聊的空洞对话，不会给对方留下有趣的印象。

2.有了砖头，你得有房屋结构图——所谓的对话逻辑。

据说逻辑这个东西得两个人都有才好，要么都没有。否则一个有一个没有，有逻辑的那个人会被活活气死。好比你看全国大专辩论会，攻辩环节，请问对方辩友，把隐性收入显性化算不算堵上财务漏洞？如果算，能不能说高薪可以养廉呢？然后对方来了一句："哼，我不跟你说了。"

男：我不是不理解你，我是觉得你自己需要有点独立性，而不是都靠着我。

女：你就是不爱我了。

男：我们坐下来好好讲讲道理行不行？

女：你以前不是这样的。

这就是两个层面的对话，非常辛苦的。

为什么提倡逻辑，是因为只有逻辑，才能帮助双方进行比较复杂的问题讨论。

我认识一个女生，非常美，也非常能聊天，典型的看了很多聊天术的妹子。但是她的男友没有超过半年的。她的聊天都在技术层面：会看着你的眼睛，会笑得刚刚好，会恰到好处地问"还有呢"，会温柔地说"你知道的好多"。但是，你没办法跟她聊更深的话题。

这意味着你们的对话没办法持续足够久的时间，没办法促膝长谈、拍案而起，没办法思想冒火花、火星撞地球，没办法感慨"你真是我的灵魂伴侣，茫茫人海中我终于找到了你"。你们只能从一个肤浅的内容，聊到另外一个肤浅的内容，始终觉得这个人没什么特别的，就是一个普普通通的人，普通的人太容易被特别的人取代，尤其是当她老了不再美貌的时候。

当然，肤浅的人自然有肤浅的人去爱。如果你是倾向深刻的妹子，就不要找肤浅的男人，不管他多帅多有钱，否则你就一辈子在"这个人怎么只看二人转、网络小说""这个人我说的什么话都听不懂""我们根本没有共同话题"的心塞中度过。

不过肤浅的妹子，据说可以找深刻的男人，因为很多男人不介意蠢萌的妹子。前提是你够美貌，否则只是弱智不是蠢萌。这样的组合有一个危险，就是当年华渐渐老去不再萌只有蠢的时候，可能会面临一些意外和危机。

3.房子造好了，还需要室内装修——论表达方式的提升。

（1）夸奖。

一样的意思，不同的方式表达出来，还真是不一样。而正如软装是依毛坯房结构设计那样，表达方式的提升也离不开知识量的积累。

有一种说法是，男生都喜欢被吹捧，女生只要静静地听他吹牛，没事夸夸他就行了。

我想说的是，你以为拍马屁是那么容易的事情吗？

拍马屁绝对是一件技术活儿。你要夸某样东西，你夸到位的前提，就是你对那个东西具备足够的鉴赏力。

某个前男友是个马术爱好者，家里养了很多马匹，他自己也有执照——可以在普通马路上骑马的执照。他一度充满感情地跟我介绍家里的马的品种，它们的习惯和性情，以及红绿灯的时候要如何控制马、有多么困难——因为马儿很容易受惊。对此，我一窍不通。我隔靴搔痒式的夸奖显然不能让他满意，他大概希望我说，哇！这个品种很难得啊，哇！它的奶奶参加过奥运会啊，哇！你的马鞍是哪里哪里做的之类的，好吧，我完全不行，我的吹捧因为我的无知都显得那么虚情假意。

所以，你还敢说"夸夸他就行了"吗？

你夸他拍的照片好美，可是有妹子见到他，就大惊失色，小心翼翼摸着他桌上的M9连呼土豪。

你夸他打球英姿勃发，可是有妹子见到他，一摸球拍惊呼："这起码26磅的线吧，真是厉害啊。"

你夸他棋艺精湛，可是他知道你不会下棋；你夸他字好看，可是你分不清那是颜体还是瘦金。

人都喜欢被夸，可人更喜欢被夸到痛点痒点，而非隔靴搔痒。

所以，夸一个人真的很考验功力。

如果功力不够怎么办？

他是物理系博士，我这辈子也做不到夸他论文写得好了。

那就别夸了，夸了也不实诚。

不过夸奖据说有个很好的作用。

我一个闺密告诉我，她有一个弟弟，她很幸运地从调教弟弟身上学会了调教男人的办法。她说，如果你想让男人做什么，就使劲夸，比如她喜欢夸他弟弟力气大，洗碗洗得干净，家里真离不开他。她夸她老公会照顾孩子，小孩儿就听他的话，服他管，还带着小孩儿一起夸，老公一回家就让儿子冲上去说爸爸辛苦了。所以现在，她回娘家就是嗑瓜子看电视，在自己家，周末也是老公乐此不疲地带孩子。

（2）致歉。

很多时候致歉是一种激化矛盾的办法。

经典对话："我都道歉了，你还要我怎样？"

人生如戏，全靠演技，这句话是没错。但是这句话是对演技好的人说的，大多数人如我：第一，演技不怎么样；第二，就算演得不露出马脚也会觉得比较辛苦。不用演技，心不累，才是最高的招数。

所以，如果要致歉，请诚心，如果要激怒也请诚心，否则两个人演来演去、猜来猜去，最终更加辛苦。没有什么说话的技巧，就坐下来冷静地谈一谈，把矛盾解决掉，而不是用说话术安抚过去，这样，当下一次你们的矛盾再出现的时候，就可以用之前的方法从容应对了。

（3）激怒。

我不知道为什么要说这个话题，激怒别人对自己没好处，不过有时候真的很生气会觉得别人被戳到会很爽。口不择言什么的，都是在激怒的目标下开始的，往往覆水难收。激怒对方的前提，是让对方出离对状况的预期。

比如对方一直觉得你们感情很好，你说分手，那必然被激怒了。

如果对方说"分就分"，那就是以暴制暴，用激怒来激怒。

《红楼梦》里贾宝玉就是这么对晴雯说的："赶明儿你自己当家做主了还这么不懂事？（大意）"

晴雯认定自己是要做宝玉妾的，妾不能当家做主，所以宝玉这意思是要把她赶出去配小子，于是当时她就爆发了。宝玉这一招非常狠。

互相激怒后，这个戏就不好收场了。我以为分手时这招可以用，不过这个是大招，我想不出比分手更大的招了——除非自杀？以及放火烧你全家？总之大招要在大的时候用，否则对方一旦接招你就不好收场了。

如果你真想激怒别人，记得千万不要动怒，谁先怒谁就输了，脸上一定要带着特别轻蔑的不经意的冷笑，说完后挥挥手不带走一片云彩。

第七章

利落收官——拒与被拒

没有谁是非谁不可的。这个世界上能让你获得幸福的人有千千万，日子是人过出来的，聪明的姑娘嫁给谁都不会过得太差。如果你觉得离了这个人会死，那是你的眼界还不够宽。

♡ 吃回头草，不好吃就别吃了

问我情感问题的人十个里面有九个是问怎么吃回头草的。问的人太多了我都没办法一一答复，就写一写吧。其实我很不想写这个话题，作为一个专业的市场部数据分析人员，我深知回头草的成本是你找新草的N倍。所以，想吃回头草的同学们请做好啃硬骨头、打公关战持久战的准备。

1. 什么是回头草？

有些东西并非你得不到，而是你曾经明明有过得到的机会，又失之交臂，人世间最心塞的事情莫过于此。就好比当年有500股阿里巴巴的股票摆在我面前，我没有好好珍惜，现在就算捶胸顿足，也追悔莫及。

所以，情感上的回头草定义有个大前提，就是你必须吃到过，好比那个人必须主动积极地追过你。如果是一开始就是你死乞白赖地追上去，人家勉为其难答应了，然后发现不合适又分手的，这不算回头草。

至于追到后，是你甩了人家还是人家甩了你，这就没什么关系了。

2. 为什么要吃回头草？

这是个很关键的问题。这个问题不想清楚，接下去的都不用想了。

继续以阿里巴巴的股票为例，我当初为什么不买？因为当初不看好阿里巴巴港股上市，觉得风险太大，非常明确。

第一个小问题：既然是回头草，那么当时为什么不吃了？你能分析清楚真实原因吗？现在这根草有变得好吃一点吗？

比如当年觉得这个小伙子什么都好，就是太大男子气。两个人分手以后，妹子习惯了有人照应着，一下子一个人不适应了，想起男生的种种好处，又想回头了。话说人总是有个习惯，叫做"记吃不记打"，分手后距离远了，人寂寞了，很容易想到一个人的好处，忘记一个人的坏处，那么请问，这个人现在发生改变了吗？你确定他的直男癌好了吗？就算他说他好了，你确定不会复发吗？药停了吗？

遇到这种情况，最好的办法就是想起他的种种不堪，用笔记下来，想他的时候多翻翻。恶心劲儿上来了，就不想吃了。

举个例子，我一同学当年千辛万苦拿下某帅哥（有点像《古剑奇谭》里的陈伟霆），结果没两个月，男生嫌她长得不好看，带出去没面子分手了。其实闺密不丑的，就是鼻子有点塌。她一门心思认为自己的外貌是分手的唯一原因——因为人家男生就是这么说的呀。于是花6万块钱去割了耳骨垫了鼻子。结果呢？当然失败了。

我给她分析，你也没有丑到惨绝人寰的地步，人家说是这个原因分手的，就真的是这个原因吗？那小子野心勃勃，家里又穷，整个一草鸡男，有心思对你的脸挑肥拣瘦？人家其实是嫌你穷，不能给他在一线城市买房子安家，岳父也是普通人不能给他谋一个好的职位。果然，那个男生后来娶了他单位领导的女儿，长得仅次于凤姐，别说鼻子了，脸都跟投胎的时候被打了一拳似的，整个凹了进去，也没见他嫌弃人家丑。

所以如果当初是你甩的别人，那么弄清楚现在是否你当初甩他的理由还存在，这一点很重要；要是当初是别人甩的你，那么弄清楚当初他甩你的真实理由很重要。有些话要听到心里去，而不是过过耳朵就行了。

"对不起，我现在想好好学习，没心思谈恋爱。"（实意：你丫也不照照镜子，敢追我？）

"你真的很好，是我的问题，我要去别的城市，不想耽误你。"（实意：我厌倦了你，大姐，好聚好散，放我一条生路吧，我再也不想看到你了。）

"你太好，太骄傲，我承受不了这么重的爱。"（实意：人丑还作，有多远滚多远。）

还有一种是当年因为客观原因分手的。

这个"客观"二字也是大有讲究。因为主观能动性是可以克服大多数客观问题的。距离再远也可以团聚，时间太久我们可以彼此守候，性别不同也可以相爱。所以真的纯客观的主观无法克服的问题，大概只有——男友麻麻给你5000万让你离开他啦，男友得了不治之症为了不耽误你故意分手啦，女二号用心险恶假装你的替身喝醉上了你男友啦（对不起脑残剧太多，我防不胜防）。

当你发觉当初存在的种种分手的问题如今全部解除，而且再无隐患，那么可以进入下一环节。

第二个小问题：既然是回头草，那么现在为什么又要吃？现在吃的成本是多少？吃到手的收益是多少？你确定你还要吗？

继续以阿里巴巴股票为例，假设现在我看好马云的投资策略，看好阿里巴巴的未来，股票也已经上市，曾经存在的不确定性已经不存在，我要买进吗？

我的思考方式是这样的：首先，我看好阿里巴巴的长期股票回报率，所以想买；其次，现在吃进的成本远远高于当初我能买进的价格；第三，在这个价格下，获利就会被打薄，收益其实不多；第四，我觉得我还是不要了。

同理，假设你收获这个的心，可以获得100的愉快感，当初吃草的成本是50，吃回头草要付出的时间金钱成本以及精力加上机会成本，一般是高于当初的，假设是150，那么100-150=-50，你的收益就是负的。

有人说，我非他不嫁，我不计算成本回报。

那么我就要再一次重申我的基本两性观念——没有谁是非谁不可的。这个世界上能让你获得幸福的人有千千万，日子是人过出来的，聪明的姑娘嫁给谁都不会过得太差。如果你觉得离了这个人会死，那是你的眼界还不够宽。

不信你们想想自己人生中的历届前任，在跟任意一个前任花前月下的时候，不都觉得今生今世非君不嫁、非卿不娶吗？不都觉得离了这个人天崩地裂、日月失色吗？到头来你现在还不是过得好好的？你要是执迷在一个人身上，只能说明那个能让你放下心结的人还没有出现。

有个妹子问我，自己被男友甩了怎么报复男友，怎么让他爱上自己后再踢掉？

真是让人好气又好笑。既然你打算踢掉，就说明你已经不爱他了，既然不爱他了，对你不想要的东西为何不潇潇洒洒、云淡风轻说再见？报复了你能多块肉吗？报复了你就是女神，命中必得贵婿了？这种损己不利人的事情真的想不出来做的理由。

如果吃回头草是为了报复，那还是洗洗睡吧。大家都这么忙，有工夫直接去啃别的草多好。

第三个小问题：是不是非吃回头草不可，在性价比太低的情况下，能否再找别的草吃？

继续阿里巴巴的股票问题。现在买的人太多，再入手就不合算了，我这点钱投资到随便哪个地方都比买阿里巴巴的股票有胜算，所以我当然去买别的。

大千世界茫茫人海，35岁以下的妹子随便怎么收拾都差不多的年轻水嫩，35岁往上走的也大可换换风格走知性、职业、熟女路线，心态积极开放一点，找个有集体活动的爱好多走走看看，真心比吊死在一棵树上强。

如果说了这么多，还是决定吃一吃回头草，那么我们进入方法论阶段吧。

3. 怎么吃回头草？

第一步：用历史的眼光去看问题。

当初你们为什么分手？先把这些问题全部解决掉，不能解决的克服掉。

当初他是不是嫌弃你太弱，那今天的你收入提高了吗？学历提高了吗？待人接物有长进吗？化妆后能带得出去了吗？当初他嫌弃你不是处女，那你处女膜补了吗？（开玩笑。处女情结属于没救型，放他一条生路，让他去找小纯洁吧。）

当初你是不是嫌弃他直男癌，那他现在做家务勤快了吗？如果他现在还是不肯做家务，你又恋着他，那你能接受一辈子都是自己一个人做家务吗？或者你觉得自己有信心改变一个男人，让他变得爱做家务？既然你今天有信心做到改变一个人，那么你当初为什么做不到呢？你的信心真的靠谱吗？

第二步：用现实的眼光去看问题。

如果历史问题全部解决了，那么你只需要一个契机重新开始。

主要思路就是，展示全新的自己，让他来追你。

契机往往是有一个不得不见面的理由，具有极强的功能性。

比如，我找不到我的某张表格了，好像夹在你的书里，可以帮我找找吗？或者，我的密保卡要解密需要原来的密码，我当时用的好像是你的身份证后六位，能告诉是多少吗？或者我整理东西发现你还有一本书放在我这里，我寄给你吧。或者通过社交账号，知道他在哪里以后找机会偶遇。或者找个朋友，让朋友约他去某地，然后你在路上偶遇。

贡献一个万能开场白：我的××在你那里吗？

这个××物品，最好是能勾起两个人联想的物品，比如他送你的某个耳坠，你给他看过的画册，一起出去旅行时买的漂亮小匕首等。男生如果回答得比较缓和，回答后再问你一句"最近怎么样？"那必须是有戏的意思。所以，为了让他有问你的时间和心情，开场白请在对方非常闲的时候开始，否则人家忙得很，急急忙忙回答了你，之后就丢开一边了。

一旦他问你最近怎样，一定要告诉他，你过得还行，是"还行"，不是"很好"，也不是"一般"。

总之，必须是一个不得不聊的话题，一场不期而遇的相遇作为开头。

潜台词是：我没有想你，我也没有后悔，只是世界太小，让我兜兜转转又遇到你。

回头草虽然成本高，但是也有一个优势，就是你知道他是一根什么样的草。他喜欢什么样的女人，他爱打游戏还是爱摄影，他屁股上有几个胎记你都是有一手资料的，契机开始以后，投其所好吧。

一开始并不需要让人知道你发生了某些改变，比如你以前非常"作"，现在懂事了之类的，这种变化的展示本身就是"我错了"的暗示——这不需要，有些性格上的优化反而会勾起他不好的回忆，比如，你现在懂事了，他第一秒反应的一定是你曾经"作死"的画面，何必让人想起这些呢？

你们曾经恋爱过，你当然知道之前的他最喜欢最心动的是什么，把这点内容继续发扬吧。他若爱你知书达理，不妨告诉他你刚刚去了一个书展；他若爱你勤劳贤惠，有他的社交工具上多发发你亲手做的美食——就是要让他想起曾经最美好的回忆。我们知道一个人的口味在短时间内是很难突然改变的，所以，这是一种基本没什么风险的行为。

然后你们可以有进一步的接触。时机成熟的时候可以见面，最好是让他主动邀约，如果做不到那就你拖着他看电影，记得一定告诉他自己多么想看那个片子，可以带他去新开的餐厅，也一定记得告诉他这家餐厅多么著名。

潜台词：我是真的想看电影，想去餐厅，只是我不习惯一个人做这些事情。

一开始请保持一尺的安全距离，用一切所有你想得到的敬辞，不要有肢体接触，对他像朋友，像同事，像上司，大方客气而又疏离。

如果你以前习惯说："喝水！"，那现在请微笑着说："可以把水给我吗？"然后说："谢谢！"

如果他对你无意，那礼多人不怪。如果他对你有意，他会对比，会心痛，会不是滋味，纠结踟蹰。

如果他还是没有动静，不妨在兴头上说一些似是而非的话，比如：

"觉得你这人其实还不错呢。"注意，这句话的重音在"其实"两个字上，说完"其实"以后要有个短暂的停顿，目光一开，低下头害羞地说完。

或者"觉得把你当朋友也是不错呢"。

或者当他出丑的时候，若有感慨地说："还是和以前一样笨。"

如果说起往事，请抓住机会表示一下自己的悔改之心。不是痛哭流涕那种悔改，你只需抿一口茶，低头继续害羞地笑着说"那时候不懂事啊，你别笑话我了"，一笔带过。

如果当初有什么误会，也不妨带着轻松不介意的语气找机会解释："当时你那个样子，我还以为是×××呢！"

以及久别初见，分别时可以说："你比以前好多了。"这句话是用来道别的，说完以后笑一笑扭头就走，不要回头不要目光接触，请保持崇高的格调。

第三步：用发展的眼光去看问题。

一个人爱上另一个人的时候，最疯狂的热恋时期，往往在相识后的半年之内，而非二十年的老夫妻。因为半年之内，你已经有足够信息了解到这个人的有趣，同时，你又没有足够的信息了解到他全部的有趣。换言之，你知道他有趣，不知道有多少有趣是你未发现的。

我把这个称为神秘感——激发一个对方好奇心和探索欲望的一种感觉。

所谓用发展的眼光看到问题，就是给对方一个改良的你以后，再给对方一个未知的，即他从未知道的你。

从来只爱吃吃睡睡的你，开始去学跳舞了，学的是恰恰。你告诉他你已经学了很久，你的老师总是夸你，你有非常棒的舞伴，但是，你从不跳给他看。

从来只看韩剧的你，买了一箱子书，开始写读书笔记，但是一直都放在一边。

你有个一起旅行的圈子，你和朋友们每个月都出去玩，可是你从不带上他。

你暗示他现在的你比以前更棒，但是不必告诉他具体棒到什么程度。

偶尔可以小"作"怡情。

"哦，对了！——"你可以这样手舞足蹈发问，然后戛然而止。

"什么？"他问你。

"额，没什么没什么。"你尴尬扭头。

"说啊，你要说什么啊？"他追问。

"没什么啦！"

或者：

"那我问你一个问题，你要老实回答我！"你问。

"说。"

"额……额……算了算了，不问了。"你说。

"说呀！""哎呀，没什么没什么，下次问你。"你不好意思地笑着。

嗯，欲语还休的妹子，谜一样。

4. 吃到了回头草，怎么消化？

如果把婚姻当成爱情的结束，那么已结婚就走进爱情的坟墓。如果把追到手一个人当成爱情的结束，那么一恋爱就走进爱情的坟墓。

不让回头草再变成回头草，把那个追求他时努力改善的自己作为一辈子的习惯，把自己变成那个样子，而不是装成那个样子装一辈子。从此闭口不谈分手的事情，就好像你们从来都是在一起，从来没有分开过。

但是不要看轻自己，不要因为太过于珍惜失而复得的情感而小心翼翼，这只会助长对方的坏脾气。如果发现还是无法忍受对方，趁早分开，理由很简单——既然你们曾经无法彼此忍受，现在又为何能彼此融洽呢？现在也不能忍受是常态，现在能融洽才是意外。

♡ 彩礼嫁妆，这跟爱情没关系

话题有感于某天我在微博里说"不要彩礼，不要戒指，如果我结婚，我只要那个对的人"，很多人表达了不同意见，大意是这样男人不会重视你。插嘴，我要说明我很高兴大家能够表达不同的观点，除了广告和谩骂，所有有思考、有内容的话我都非常欢迎，也欢迎质疑。某一次与男友讨论宗教和哲学的差别，他说有个观点很好"宗教让人去相信，而科学欢迎人质疑"。作为一个自诩有科学精神的人，我希望大家多多质疑我，夸我会让我开心，质疑我有助于修正我的三观使其更坚固。

有一个反驳意见是：等你到结婚30年再来说这句话。

这话很有代表性，我认真思考了说这话的逻辑。

首先，她觉得婚姻的长度应该和投入正相关，对方投入越多婚姻越长。

其次，她觉得婚姻的成功应该和长度正相关，维系时间越长婚姻越好。

最后，她觉得女性的婚姻应该和成功正相关，婚姻越好人生才越成功。

那么，第一点：婚姻的长度和最初投入正相关吗？

当一个男人对你的重视，要用过去投入的成本，而不是当下的感情的时候，我觉得也是蛮可悲。三国里面杨修说的好："食之无味，弃之可惜。"食之无味，才会弃之可惜，说的就是这种心态吧。钱财之前花得越多，就越可惜，可惜到一定程度，大概就不会扔掉了。如果是一块鸡肉，我希望我焦香四溢，让人闻之流涎，食指大动。

引入一个股票计算模型：马可夫链模型（Markvo Chain Model）。

该模型是应用于对不确定现象做决定。马科夫链有个特殊的特性，即过程将来会如何，只与过程的现在状态有关，而与过去的事件无关。

比如某股票昨天一周价格分别是2、3、3、7、6元。根据该思路，我要预测新一天的股票价格，需要的信息是6元的价格，以及当下关于该股的所有信息。至于之前的2、3、3、7四个价格中包含的所有信息，都在6这个价格里已经得到了完整的反馈，无须重复涉入。

我觉得这个思路用到对人对物的评价上特别合适。

比如相亲对象王小明，今天28岁。你只需要在28岁认识他这一天的时候，知道他当天是什么状态就行了。至于他7岁5个月零3天的早上7点1分8秒时，精神是否愉快，见识是否足够，你无须关注。因为他7岁5个月零3天的早上7点1分8秒，和他7岁5个月零3天的早上7点1分9秒一直到现在，每一秒过去的他，他的所有人生经历，都是现在的他之所以这样的原因。可能8岁的王小明觉得女孩很弱很讨厌，但现在的他看到女孩流口水，那么，他8岁时的状态对你来说就是冗余信息，不需要了解。

这种思考方式能让我们避免一些狭隘的偏见。比如，凤凰男不能嫁。

26岁的他曾经觉得家即家族，愚孝、偏激、过分自尊又自卑。可是说不定27岁的他遇到一些人一些事，大彻大悟成长为一个理性顾家、坦坦荡荡、不卑不亢的人。如果你对一个人现在的信息掌握得足够，那你就不需要去挖掘他的过去——马尔可夫链（Markvo Chain）告诉我们，所有过去的他的特质已经折合在当下。

这是我去了解一个人的思路，从当下的精神面貌，当下的思维方式，当下的志趣爱好入手，了解现在的这个人。过去的片段可以作为佐证，不过片段总是不甚完整，缺一块，可能就把人拼歪了。

所以，看人看事看婚姻，最好不要往回看。因为你和他的所有过去，已经折合在现在的状态里。

如果他已经对你食之无味弃之可惜，那不如早点弃，你还能趁年轻找个食之有味的。要是因为彩礼丰盛，拖得更久一点，乃至拖了一辈子的"弃之可惜"最后还是没有弃，那才是大悲剧。

总结，"弃之可惜"的无聊婚姻的长度，和最初投入是有关的。

第二点：婚姻的成功应该和长度有关吗？

三十年的婚姻一定比十年的好吗？三十年的相濡以沫，比十年的吵吵闹闹好，要是三十年的吵吵闹闹呢？如果在婚姻中觉得所托非人，是另觅良人更幸福，还是忍了又忍更幸福？

不妨把一场婚姻比作一份工作，褚良才几起几落，监狱里进进出出厉害，还是隔壁张小毛在一家小公司月薪3000干20年厉害？你愿意去发改委核心决策部门工作三个月，还是在富士康一站3年？

或许有人说职场要经验丰富，婚姻市场但求经历简单。经验丰富还不是为了找下一份工作，经历复杂还不是怕下一个人不喜欢？要是能嫁到更好的，谁管你丰富还是简单？那问题就来了，你为什么找不到更好的？

老人家非常喜欢用一个词形容好的工作：稳定。这种心态就是怕被炒，被炒了没有能力找到别的工作。

追求婚姻长久的人也是一样心态，怕被"炒"，一旦被"炒"意味着找不到其他人，也没办法一个人过。我希望婚姻长久，但是我不会追求长久的婚姻，我只会追求高质量的生活。因为一旦把"长久"作为目标，就无异于陷自己于弱势地位。

顶尖的成功人士大多分分合合，因为求的就是个自在，不委屈。王菲这么折腾，普通人轮不到说一句不幸福吧。但是为什么你的同事离婚，你就该同情呢？

总之，一段婚姻的成功，就像一段工作经历的成功一样，不计较长短，如果短时间内收获颇丰，乃至有如跳槽之后获得更大的眼界和平台，获得更成熟的自我，那便是成功。至于婚内没啥赚头，离婚后因为婚姻经历和年龄导致身价暴跌的，我只能承认你失败了，但这和长度还是没关系，可能因为时间越长年龄折旧越厉害，而你的眼界实力的增长慢于年龄的折旧，导致赤字了。

第三点：女性的婚姻应该和成功正相关吗？

梁洛施未婚生子，连生三子都没有嫁入李家豪门，算不算一种失败？相对于公众期待中的母凭子贵，算一种失败。但是相对于你我普通人呢？我觉得她很成功。

邓文迪结婚几十年，最后离婚时没分到默多克什么产业，算不算一种失败？相对于半壁家产，当然失败，可是相对于几十年前那个专科学校的穷苦女生，这样的人生大概也是远远高于预期吧。

那梁洛施未婚生子，却嫁不进豪门厉害；还是张阿花17岁嫁给王铁牛，两个人在富士康打了一辈子工厉害？

不好说。有人追求活得漂亮，有人追求安安稳稳。

既然不好说，就不要用自己的价值观去衡量别人。名人如此，普通人也一样。隔壁42岁的李秘书已经没有人给她介绍对象了，自己伺候老人孩子忙得一塌糊涂还很同情她，何苦来。

结婚是一种漂亮，离婚何尝又不是，单身何尝又不是？身为女性，不要随随便便同情女性。

我想无论一个男人还是女人，用一辈子短暂而宝贵的时间，去做自己乐意的事情，享受自己想要的时光，就是一个成功的人了。眼光高过头顶的，就别嫌弃寂寞；委委屈屈嫁了的，就别嫌婚姻无趣；整天忙着加班的就别怪没男人；上班刷淘宝就别怪没得加薪。种什么因，得什么果。

总之，女性的婚姻只是成功的一部分。你可以婚姻很成功，也可以别的很成功。你剁手党买买买可以很爽，如果你天性淡泊赚得少花得少也可以有自己的爽点；你没钱有男人可以很爽，你有钱养男人也可以很爽，你就是不喜欢男人喜欢搞女人，或者你就是喜欢一个人躲着全世界也可以很爽。总之付出你愿意付出的，收获你愿意收获的，找到自己的爽点——我认为越爽越成功。

30年后，我无论如何都无法对今日要不要彩礼做出评价。

如果我30年后这段婚姻还在，不代表我这30年一定幸福，如果我30年幸福，不一定这段婚姻还在。而这些幸福不幸福，在一个追求有质量生活、追求各种爽点的人而言，并不都跟男人爱不爱我有关。况且我也不确定，30年后我是否还爱着他，那么更无法确定：他对我的爱是一种甜蜜或是负担，他对我的不爱是一种哀伤或是解脱。

不要彩礼也没关系，我那么爱自己，怎么可能受委屈？

♡ 案例：单蠢女四进四出吃一颗草

今天讲一个吃回头草的故事。

主人公是我的朋友，细说起来，我们还是远房亲戚，我们家因为某种原因少有亲戚走动，我单叫她阿姐。

小时候我是那种成绩还行的好学生，念书、参赛、打球，忙碌得很。阿姐也是很忙碌的，不过她是念经、参禅、打胎。

阿姐两岁的时候，她爸爸过世了。据说是某天去水库时，在没人看到的地方掉下去的，同时掉下去的，还有一个他爸爸的女同事。孤男寡女划着小船去水库里做什么？怎么会掉下去？这些我们无从得知了，只是听妈妈说，那会儿这事儿挺轰动，整个小镇的人都津津乐道，却也没有乐道出什么线索。

那之后，阿姐的妈妈就非常信佛了，后来还成了在家的居士，信得可厉害了，逼得阿姐跟她一起吃斋念佛。

大约十岁起，她妈就不让她独自出门，尤其是跟男孩子出门，严防死守跟防贼一样。她那时候是很听话的，天天放了学就跟着吃斋念佛，周末还要跟妈妈去庙里帮工，但是她心里多半不情愿，每每让我打电话去找她玩，好让她有理由不去庙里。

上初中后，阿姐腰细腿长的，长得越来越漂亮，穿得却还是那么朴素。

某次她去庙里干活的时候，被一个香客蹭了一下。据香客说是阿姐弯腰捡一根掉落的香，挡住道了，他收不住脚结果撞上了。阿姐妈妈却说那人非礼她女儿。连非礼是什么意思都不知道的阿姐，就窘迫地站在那里，看着她妈妈大吵大闹。

江南的女孩是很温柔的，江南的老阿妈却是很泼辣。

不知道是不是因为一个人的温柔总是有限的，提早用完了，就没有了。

"他真的摸了你屁股吗？"晚上我问她。

她迷茫地摇摇头，说："不记得了。"

那以后，阿姐就被彻底圈养了，每天上学放学而已，放学就算晚到3分钟，也需要跟家人报备。我妈劝她别憋死孩子，像我这样天天外头疯玩人才活泼。阿姐妈妈嫌弃地看了我一眼说："女人还是长得一般的好，太漂亮，终归是要闯祸的，待在家里就好了。"

即便如此，阿姐的美貌还是给她带来了困扰。窗口吹着口哨呼啸而过的少年，车篮里不定期出现的小纸条，还有书里总是会莫名其妙掉出来的卡片。而随着阿姐的桃花增长的，是她妈妈的薪水，那时候刚好赶上外贸出口那波大潮，他妈妈忙得四脚朝天，想管她也是有心无力了。

有一天阿姐低血糖在家里晕倒了，足足两天没有人发现，直到她妈妈出差回家。

我们都说这是吃素惹的，多吃荤就好了。但是她妈妈的想法明显不是这样。

在阿姐16岁的时候，她妈妈再嫁了——说是嫁，不如说娶。新郎官年纪比她妈妈略小一点，据说之前有个妻子后来过世了。他是外省来打工的，穷得很，瘦瘦的小身板，一副很好欺负的模样。我们嘻嘻哈哈地讨喜酒，她妈妈急得脸都红了，大声说："我是家里要一个人撑着，我忙不过来才结婚的，我们又不是年轻夫妻，找个伴罢了。"

这段话，翻译成她想表达的意思，便是："我们没有性生活，我只是需要一个男人替我分担。"后来我们才知道，那个男人身子有病，干不了那事儿，她妈妈出钱出力也不在乎名声，真的只是为了找个做伴的。

之后阿姐就真的被圈养了。那个男人有一份非常简单清闲的工作，在家里做饭烧菜伺候母女二人。

高一的某个夏天，我去找阿姐要个东西，见她穿着开口阔大的睡裙在家里四仰八叉地坐着，半个身子透过那个无袖的袖洞里隐隐绰绰地扭动着。

"怎么说家里也有男人，怎么穿成这样？"我趁她"爸爸"在厨房切西瓜，不满地嘟囔着。

"他呀……"阿姐弯下腰来咯咯笑个不停，"怕他干什么！"

叔叔端着西瓜上桌，阿姐眼睛都没瞟他一眼，别说父亲了，连亲戚也没这么不给正眼的，倒是像对个仆人。

晚上我跟她睡一起，说起当时影响蛮大的公交车非礼事件，新闻里提醒女性不要着装太暴露。

"被碰一下有什么啊，摸一把又不会怀孕。"我不以为然。

"摸和摸是不一样的。"阿姐说。

"像这样。"她温热的手伸向我的腰部，从我臀部滑落，在肉最厚的地方摩挲。

我一个激灵滚向床的一边，她却咯咯笑个不停。

"真的，男人跟女人摸的感觉还不一样呢！"她得意洋洋地像在炫耀什么了不起的知识。

两个月后，她"爸爸"摔断了腿，在自家楼下，以非常奇怪的方式。夜里8点，明显他是从二楼摔下来的，当时他只穿了一条三角裤。那是一个台风天，阿姐的妈妈航班延误，她干脆改签，做了大巴直接回家。然后，阿姐的"爸爸"就以那个样子从天而降，出现在一楼的草坪上。

至于其他的细节，我就不知道了。

第二天，阿姐被妈妈带去了医院，回来后爆发了激烈的争吵。比较精彩的一句是："你嘴巴放干净点，老娘还是处呢！"这句话不亚于如今的今日微博热门，当夜就传遍整栋楼。

多年后，当我给阿姐出嫁做伴娘，再去她家，人们还是津津乐道当时的画面和那句话的经典。他们的神情饱含莫名的欢喜和不安的兴奋，我猜这句话的亮点，或许并不在阿姐身上。

总之自那以后，阿姐就堂而皇之出去混了。

阿姐妈妈说过几次，甚至办了停薪留职想管住她，都是徒劳。两个人夜夜争吵，成为那栋楼每天晚上的例行节目，如果你有过这样的经历，大概很能理解为什么真人秀节目总是那么火。

在某天的争吵中，阿姐又说出了一句名言："你连自己男人都管不住，你管我？"

听众们纷纷猜测这个"自己男人"是指他妈的哪一个男人。

之后，阿姐的叔叔被赶出了家门。

我看见阿姐染了头发，纹了纹身，穿着一身铆钉，留着比窗帘还要厚的齐刘海，嘴里叼着烟出现在城市某些小混混固定出现的角落里。我看见她妈追着她满小区跑，用剪刀剪她的头发，粗暴地脱下她的松糕鞋扔进小河里，那鞋子被初秋满是浮萍的死水稳稳托住，都不带摇晃的。

我觉得人在什么时候做什么事情是最应当的。

假设有个A，在上学时好好念书，毕业拿到一个不错的文凭，找到一份不错的工作，然后在公司里好好干活，拿到一份不错的薪水，用这笔钱在该结婚的时候好好打扮自己，然后嫁给一个不错的对象，这么干的效率是最高的。

假设有个B，在上学时偷懒、旷课，结果拿不到好文凭，找不到好工作，工作的时候为了提升自己再去补一个不值钱的学历，忙得要死要活，然而学历既没有高考直接考出来的有分量，工作也没有名校出来的人好找。最后拿不到给力的薪水，也没钱好好打扮，嫁给一个马马虎虎的人，或者过着整日操心柴米油盐的日子。

仔细想来，A其实并没有比B活得更辛苦，付出更多，人家只是在该付出的时候付出，该收获的时候收获罢了。而B，一步走错步步辛苦，活得累还没回报。没错，阿姐就是这样的人。

她在最该读书的时候，恋爱了，男朋友是社会人士，卖布做生意的，比她大十几岁。

之前她只是不回家过夜，后来干脆和男友同居了。

我觉得一个人如果比另一个人成熟很多的话，想要搞定那个人是非常容易的。其实他没有什么水平，只是经验胜出罢了。工作的男人找学生妹，学长找学妹，老总找新员工，都是特别容易的。一方面我看不上这种专门挑软柿子捏的男人，另外一方面，我努力提醒自己遇到这种男人绕道走。

继续说阿姐，她妈妈找了她三天三夜，找亲戚找到鸡飞狗跳，后来报警，贴寻人启事。最后还是她男朋友把她送了回来。她妈抄起手中的一大摞寻人启事的传单劈头盖脸扔向她，口里说着"我打死你"。

阿姐冷冷地说："你打死我吧，肚子里还有一个呢。"

至今为止，阿姐还在为这句话后悔。

因为她妈听到这句话以后，直接就把她拖到医院里去了。她哭都没来得及哭，那孩子就没有了。她扒着车门不肯上车，求他男朋友救救她救救这个孩子，他男友只轻飘飘说了一句："这孩子，生下来对你也不好。"

那之后，阿姐病了一场，也不再上学，休息好了就在她妈给她安排的店里上班。

毕竟年轻，不出一年就调养过来了，还是堕胎前那副水灵灵的模样。

而她男友（叫他洋布吧，他是专门卖洋布的）赶上了那年的人民币升值，屯的一批布料亏了大半，生意本都赔光了。一个三十出头的男人，突然没了钱，也没了铺子，像丧家狗一般，来到了阿姐的店里。

凭心而论，那时候的阿姐，论条件真是不错的，年轻漂亮，而且她妈留给她两套房子一个商铺，现金一堆，阅历也增加了点，怎么说都不可能看上那个男人，更何况那个男人曾经对他们俩的孩子见死不救，现在来求她？简直是自取其辱。

果然，他被阿姐和阿姐的妈妈冷嘲热讽了一番。

但是做生意的人有一点好，就是脸皮厚，膝盖软。人家把他往外赶，他扑通一声立马跪在大街上，哭得泪流满面。阿姐心软了。

女人最怕的，就是耳根子软，脑子笨，手无力，该下手的时候不下手。

大家记住，如果说阿姐之前的遭遇是遇人不淑，那现在开始就是自己脑残了。

她本有很多次机会可以让自己避免苦难，偏偏总是选择让自己最为苦难的路线。

这是她第一次的苦难选择，她选择接受了他的回归。

而她妈妈也接受了，这是源于另外一个理由——直男癌所谓的，死过人的二手房不好卖。

洋布同学就这样住进了阿姐家，必须承认他的确对布料生意很在行，拿到岳母一点支持以后，没几个月又风生水起了。一年后他盘回了当初自己的铺子，便正式摆脱了上门女婿的尴尬角色，渐渐当起了一家之主。

洋布开始是生意忙回家很晚，接着是整夜整夜不回家，然后竟是把家当旅馆，想回就回想走就走了，最后竟发展到直接喝倒了被花枝招展的夜总会公主送回家。阿姐又是哭又是闹的，不停地提醒他当初他落魄的时候是谁收留了他，是谁帮他重新振作起来。

可惜洋布不是她的"爸爸"，洋布最烦人家这样挖脚底板，提醒他自己最不想记起来的事情。

两个人先是吵，然后是打架，然后动家伙，打得眼红了甚至连岳母也打。

阿姐被打得受不了，连夜逃到我家。

洋布大半夜的给亲戚们一家一家打电话找人，那年头手机还不是很流行，都是那种"铃铃铃"震天响的家用电话，搞得我邻居都来跟我妈投诉。

我妈那时候是第一次接待半夜被打的阿姐（是的，现在我妈在这方面已经经验丰富了），没经验，心想他总不至于放火烧了楼，人在我们这儿就在我们这儿，直接承认了。

结果洋布拿着一把一尺多长的马刀，半夜两点，满身酒气地砍我家的铁皮门。不谙世事的我打开第一道门，隔着防盗门看到那双血红的眼睛，那张暴戾的脸。这画面印象太深，以至于我从此养成了开门先看猫眼的习惯。最后还是请来了110把人弄到局子里去，我们一家人都特清醒地问阿姐今后打算怎么办。

阿姐哭着说，她怀孕了。

一个月后，阿姐嫁给了洋布。我们一家都去喝了喜酒。

这是她第二次脑残。

医生说，阿姐第一次流产没处理好，这次要是再流产，难说以后还能不能生。而阿姐，出于对流产的恐怖记忆，真心想要这个孩子，她已经不在乎孩子爸爸是谁了。

经历了几次惊天动地的事儿，比如"叔叔"穿着三角裤跳楼，当街被她妈拖走去人流，当街被洋布跪求收留，以及凌晨举着马刀砍防盗门事件后，阿姐的知名度已经达到小区内的top3程度。以她的名声，以我们小城市的八卦扩散速度，基本上这辈子也是不敢有人给她做媒了。大概她也是这么想的，总觉得女人总是要嫁人的吧。

新婚前三个月，我们家忍辱负重的防盗门又被砍了三次，其中两次阿姐并不在我家，只是她老公找不到她以为又在这儿。另外一次，我妈没办法拴着绳子把阿姐吊到一楼，让她自己跑掉，然后放洋布来家里搜了一遍，确保没人后，我们安心睡觉。

第四次阿姐又是半夜被打得不行，敲门求救的时候，我妈一怒之下叫她滚："我老公还要上早班，我阿囡还要上学考试的，你烦不烦！"

要是在国外，洋布大概会被抓起来吧。至少判个人身距离限制啥的。

不过在老家报警，警察基本把人分开就不管了，这叫"属于家务事"。

于是那一次，阿姐后来被砍断了一条手筋。

阿姐终于申请了离婚，洋布不同意，她起诉离婚，把洋布后来发财赚的房子啊钱啊一分不要都换给了他。洋布不肯，她为求离婚甚至又贴上一套房子。

这是她第三次脑残。

我记得她离婚的那天，我刚刚考上大学。我觉得我的人生还没开始呢，人家活得如此丰富了。

阿姐生下一个男孩儿，萌萌的很可爱，是那种哪怕他妈妈是晒娃狂人也不会招人烦的可爱。阿姐的妈妈没有继续工作了，就留在家里照顾小孩儿。

洋布迅速又结婚了。他的口味比较固定，又是一个年纪很轻的小姑娘。小姑娘家里是县里开厂的，略有小钱。我高中那会儿，乡下很多人开工厂赚到钱的，他们对女孩的教育不是很重视，往往差不多年纪就不让念书了，回家准备嫁人（当然现在不是这样了）。

洋布的老毛病又发作了，发了酒疯又拿刀砍了老丈人家的院子。

他老丈人放出两条狼狗、一名保镖，打断了他的两条肋骨。

洋布在他有钱的时候，从来不是怂人，立马申请离婚，老丈人那边也是迫不及待，迅速让俩人离婚。

我从我妈那儿听到了这话，乐呵呵地转达给阿姐的时候，她竟是一脸愁容。

"他伤得重吗？"她问我。

"两条肋骨啊，你说呢？"我乐不可支，替阿姐感到解气。

然而，阿姐之后做了一件我想不到的事情——她带着孩子去看洋布了。

"他毕竟曾经那么对你啊！你保证你这辈子不会再被他打？"我很气急。

阿姐轻叹一声："他毕竟是孩子的爸爸啊。而且，说不定，说不定以后就不打人了呢，我会改变他的。"

洋布大概是很喜欢他的儿子。

在我大二的时候，他们又结婚了。这是我阿姐的第四次脑残。

这个观点也得到了阿姐儿子的认同，他的表述是："你们干嘛在一起？整天就知道吵，烦死了！"

阿姐这辈子吃回头草吃上瘾，但是每次吃的时候，她都会忘记当初为什么不要这个草，现在草的口味和自己的口味有无发生变化。

她找男人结婚就跟我吃饭一样，饿了吃饿了吃。

补充一下，洋布的第二任妻子，就是放狼狗咬他的那个，后来招了一个很不错的上门女婿，现在小日子过得红红火火。

不过阿姐从中也增长了教训，最典型的证明就是，从那次脑残到现在，她都没有离婚过。

算是没有把回头草又变成回头草。

只是她又被砍过一次左手的某根骨头，还好没有骨折，只是骨裂而已，以及她的眼角被打豁过。这些只是我知道的，我不知道的，就真的不知道了。

至于洋布现在在外面有多少个女人，连他自己也数不清了。

阿姐说她现在绝不跟洋布上床，她怕染病，她嫌脏。

现在的阿姐，在洋布某个无关轻重的小铺子里看店，一头厚密的短发，臃肿的身材，泛黄又透着蝴蝶斑的脸。每次见到她，她都会一脸同情地看着我，说："你怎么还不结婚啊，早点生孩子早点好恢复。别以后嫁不出去啊！"

每次她这么说，我都会想起高一时那个阳光明媚的下午，窈窕而又丰盈的阿姐，长长的秀发铺满我的眼帘，她穿着短裙去收衣服，踮起脚尖露出一截莹白如玉的大腿，楼下路过的小伙子们纷纷冲她笑，口哨声此起彼伏。

当时只道是寻常，如今想来，那竟是阿姐人生中美的巅峰。

第八章

技术总结——同志尚需努力

　　有趣的妹子，她有自己的世界，她不是走进你的世界，而是为男生的世界打开一扇窗去参观她的世界。或许她的世界让男生感到惊讶，甚至不认同。但经历一段时间的磨合以后，两个人开始理解、欣赏彼此的世界，从此他们彼此都拥有了两个世界。所以，首先，你要有一个自己的世界。

♡ 美体瘦身，减肥从来不是事

我是一个体重过百，从不忌口，不吃早餐，天天一顿宵夜的人。我喜欢吃巧克力和奶酪，最强大的习惯是手边不能放零食，以及房间里不能有拆封的零食。在吃的方面，我的拖延症完美自愈，零食一买到就拆开，一拆开我就吃完。

我讨厌天天端着，能坐着就不站着，能躺着就不坐着。就算刚吃完饭，我也喜欢躺着。我还喜欢暴饮暴食，每当搓一顿的时候基本就是扶墙进扶墙出，闺密丛中无敌手。

我体重116，身高165，说我胖的滚开，我都胖在胸上了好吗，胸围90，腰围67，小腿围32。这个尺寸我已经保持了快十年，基本没有大的波动。即使有，一个月内不通过任何节食手段也能自然恢复到正常值。

好，我开始说说我是怎么做到的。

第一，什么是美的体型？

1.瘦不代表美。

美的体型首先要达到肌肉和脂肪某种比例的协调。那些嶙峋的盆骨，崎岖的骨头，你真的觉得美吗？虽然这年头嚷嚷胖的人很多，可是放眼街上，偏瘦的人比偏胖的人多多了，我想我们每一个人想追求的都是美，而不是瘦。

我看到有一个朋友一直在默默转我的微博，她的个人介绍写的是：保持体重不超过90斤。我看到后第一个想法就是：你是不是很矮，或者你是不是未成年？一个身高超过一米五的妹子，体重超过90斤绝对是没问题的。

这几年欧美模特圈的审美狠狠影响了大家对美的判断，那些瘦骨嶙峋的0号模特们无比自信地站在T台上，一个个神采飞扬。这种妹子顶多也就这样看看罢了，摸起来一点手感都没有，搁床上嘿咻多难受。

给大家提供一个BMI公式和参照表，可自行计算一下：

$$BMI = 体重（kg）/ 身高^2（m^2）$$

参照表：

理想体格指数（BMI）值为22	
19以下	明显体重不足
20~25	为理想范围值
26~29	具危害因子群
30以上	具高危险因子群

比如小圈儿体重58kg，身高1.65m，就是BMI=58/1.65^2=21.3，非常理想！

我曾经有过一年失败的考研经历，考的是某校哲学研究所的美学专业。我想说，所有的美在最初成为美的定义的时候，都是有一定功能性的指代的。美从来都不是空穴来风的。

生产力不发达的社会，人们大都以胖为美，胖意味着食物充足，养尊处优，意味着更强的生存能力。当阶级社会发展到一定程度后，开始流行纤弱病态的美。因为纤弱病态意味着不需要从事体力劳动，苍白的皮肤意味着可以长居室内，不必经受日晒风吹。而现在，西方又流行充满肌肉线条和晒后肤色的健康美，这不是说他们尊重起劳动人民了，而是有钱去锻炼，有时间去度假，意味着中产阶层一定程度的财力和社会地位。

所以，美是一种信息的传递，是一种非语言的交流。

那么，你想告诉别人什么？你想向人们展示一个怎样的自己？

无论是体型、妆容还是服装，直男的审美和妹子都是有一定差距的。很多女生想象的自己减肥后的样子，往往不是男生喜欢的。我问过很多男生，他们大多讨厌瘦成一把骨头的妹子。甚至，他们说你瘦了，也只是一个状态的描述，而在你耳朵里，听起来却成了一种赞美。

大多数人，首先要认识到的一点就是——我根本就不胖。

2. 体型是一种体积，并非体重。

如果你的BMI明明不高，却还是觉得自己穿衣服不好看的话，就有两个原因：（1）现在的衣服都什么玩意儿啊！坚信自己不胖，真的是衣服设计的问题；（2）你的体重没问题，你的体积有问题，肉长错地方了。

绝大多数妹子，把那肚腩肉变成马甲线，把蝴蝶袖变成肱二头肌，体重是不会变的，但是会好看很多。还有一些妹子属于大腿、小腿肌肉一大块的那种，这个比较难减但是并非没有办法。

所以，请你意识到一点——我没有肌肉，或者我的肌肉长错地方了。

3. 怎么样才能做到放开吃不会胖？

继续肌肉话题。我们可以简单把人每天的热量消耗分成两部分：基础代谢热量消耗和非基础代谢热量消耗。前者是指就算你躺着睡觉也在进行的消耗，类似手机待机耗电；后者是指你运动的热量消耗，类似你开了4G看电影、打电话的耗电。

有些妹子，一说减肥就先节食。其实，人体是很聪明的，你一节食，它就认为你缺乏食物了，就降低新陈代谢，减少基础代谢的热量，你又不运动，你的基础热量消耗又减少，所以这样节食根本没办法减肥。一旦你受不了吃这么少，稍微多吃点，因为基础热量消耗已经降下来了，所以会胖得更厉害，如此一来，只会越减越肥。

　　肌肉每日的基础消耗热量比脂肪高很多，所以当一个妹子一身腱子肉的时候，就算一天来一个肯德基全家桶，吃完躺着，她的基础代谢热量需求也是很高，根本不用担心发胖。

　　对于妹子而言，肌肉是非常难养的，努力去练好了，一般不需要担心"啊，我会不会变成施瓦辛格"。我曾经每周三次力量训练，吃鸡蛋白和蛋白粉，练的也就是稍微看得出来形状，后来偷偷小懒，没两个月肌肉又消失了。

　　肌肉训练有很多好处：第一，你发现自己变强壮了，走路都有劲儿了，心情会特别乐观积极；第二，你发现自己的体型变紧实了，穿什么衣服都好看，非常显瘦，再普通的地摊牛仔裤，穿在身上也显得腰细臀翘；第三，可以避免和缓解很多隐疾，尤其是上班族的肩周炎、劲椎病、脊椎疼什么的；第四，你发现自己怎么吃都不会胖。

　　但是肌肉训练要注意以下几点：第一，不用在乎减脂这个问题，肌肉的成长必然先减脂，所以脂肪会自己消失的；第二，力量训练没经验的话要请专业教练指导；第三，一定要多吃多睡，多吃蛋白质，否则肌肉长不出来；第四，要做好拉伸运动，提高柔韧性，否则肌肉成球状很丑；第五，减少有氧运动的比例，慢跑不容易养肌肉，不过以大多数妹子的肌肉比例之低，远远没达到要担心这个的程度。

　　另外，运动是会提高基础代谢速度，从而提升热量消耗的。所以跑步的时候，虽然跑步机上你跑了半个钟头，被消耗的卡路里才200多卡。但是因为你的跑步加速了新陈代谢，所以跑完步后的每一分钟，消耗的热量都比不跑步要多，实际跑步带来的热量消耗是远大于跑步本身产生的消耗的。

　　除了运动，还有很多方式可以加速新陈代谢，比如让身体升温——桑拿、熏蒸、大热天出门等。高温其实是非常有效的方式。

　　我自己亲身经历最有效的快速减肥就是旅行，去热的地方。一个人跑东南亚玩，6月底开始，21天，从越南北部入境，一路玩到南部，穿过越南跑柬埔寨到吴哥窟爬了3天，然后入境泰国玩了5天。21天没有减肥，放开肚皮吃吃吃，天天出汗出得跟洗澡一样，回来瘦了26斤。不过这种效率必须是一个人暴走才有，跟团坐大巴估计就不行了。

另外吃东西本身也是加速新陈代谢的。如果吃得很少，代谢就会自然而然减慢——也就是所谓的不吃饱怎么有力气减肥。

综上所述，要吃不胖就是两个办法：（1）长肌肉，增加热量的基础代谢量；（2）多运动多升温，增加热量的基础代谢速度。躺着不动想瘦，是不可能滴。

第二，如何塑形体？

1. 杜绝伪科学。

有时候真心觉得各种减肥产品，简直都是智商税。减肥药其实无非这么几项功能：

（1）食欲抑制剂，作用于中枢神经系统，让你不饿，比如安非他命、芬氟拉明。问题是你就算不饿，胃酸也在分泌。人的胃表面就是一层不断被腐蚀又不断新生的肉。如果不吃东西，腐蚀速度会快于生长速度，导致胃穿孔。胃穿孔对胃其实伤害不大，伤害大的是胃酸会通过胃流向身体其他器官，胃酸腐蚀到肠道，导致感染什么的基本救活也没用了，一辈子吃流食吧。

（2）新陈代谢加速剂，比如甲状腺素或三碘原氨酸。这类减肥药吃了往往会有心悸、头晕的副作用，导致猝死的也是这种。吃多了自己的代谢节奏会被搅得一塌糊涂。

（3）抑制脂肪或糖分吸收剂，比如奥地司他之类的。这些药物在实验室里研制的时候是非常有效的，因为他们的实验对象普遍在200斤左右，这样会有一年减十斤的效果。大多数妹子的体重达不到这个标准吧。

这些药多半有一点效果，但是也有很多副作用，问题是，所有这些药物起到的效果，我们都是可以自己通过健康手段达到的。

说完减肥药，接着说网上各种减肥食谱。

前儿看到一个妹子晚上下班回家，从冰箱里拿出一根胡萝卜嘎吱嘎吱地啃，我都震惊了。有这个动力吃胡萝卜，就没动力去跳个操？各种食谱大同小异，无非就是让你吃少一点，何必纠结于是胡萝卜还是白萝卜呢？

另外人类是杂食动物，任何单一食谱长期食用都会有带来危害的风险。酸奶减肥法、苹果减肥法、葡萄减肥法、瘦肉减肥法之类的，只能说呵呵了。要始终相信一点，从来没有"吃什么"可以减肥这种说法，吃什么都不会减肥的，不吃什么才会。

2. 严防死守不受伤。

科普一下几种最容易受伤的运动。

（1）瑜伽。以看本书的大多数读者的年纪，柔韧性训练已经是一项危险的运动了。每年有数以万计的瑜伽练习者在运动中受伤。很多人平时不运动，肌肉力量不大，无法承受瑜伽中大量反关节的支撑动作，便会导致脆弱的颈椎、脊椎受到伤害。我不是黑瑜伽，我只是建议在练习瑜伽的过程中，一定要循序渐进，维持一定量的力量训练。

（2）慢跑。看上去非常人畜无害的运动。慢跑最伤的是膝盖，尤其是对于体重足够大的人而言，尤其是上坡慢跑。如果你在跑步中感觉膝盖不适，那么请果断休息，同理于跳绳，听到很多半月板磨损和膝关节积水的案例了。大胸妹子也不适合慢跑，运动内衣会把你勒死。

（3）动感单车。这个除了膝盖，还有一个运动量过大的问题，没有基础的妹子不要一上来就玩这个，玩的时候你被热血音乐和教练忽悠，很容易让运动量超过身体负荷，回去第二天就爬不起来了。

3. 对运动效率有追求。

肌肉和力量的练习，以及心肺练习是需要达到一定心率和呼吸的强度的。如果每天只是饭后散步，哪怕散步两个小时，也远远达不到让自己更强壮的目的。什么，你只想减肥，不想强壮？一个不足够强壮的你怎么吃好睡好精神百倍，一个不足够强壮的妹子根本做不到吃不胖好吗？

"胖子"的称呼是对一个人胃动力和消化能力的最高褒奖，是一种至高的荣幸。如果你胖过，这意味着你有着良好的消化系统、发达的消化能力，在人类还在森林采集打猎的时代，你身上易胖体质的基因让你的祖先能顺利存活下来。快点感激它！那些细细瘦瘦，每顿饭只吃小半碗的妹子，能在物种竞争中活下来，就已经是奇迹了。

那么作为一个胖子，如果没有强健的肌肉来消耗你吃下去的热量，这发达的消化能力和旺盛的食欲将源源不断提供过多的热量，让你瘦不下去。想要一辈子瘦的话，要么永远不敢吃饱，要么养一身漂亮的肌肉（再重申一遍，妹子是养不出施瓦辛格那样的肌肉的，我说的肌肉顶多也就是略有线条的水平），而一辈子胖和一辈子不吃饱，是多么可怕的事情！

所以，为了养出吃掉热量的肌肉，请保持运动效率，提高心肺和肌肉功能，我们的口号是——紧致、有力、优美。

4. 找到最适合你的运动。

我非常讨厌慢跑。十分钟以上我就会喘不过气来想死。而我大学时的两个室友，每年都跑杭州马拉松，毫无压力。但是我可以连续两个小时打排球或者羽毛球，或者连续打15分钟的篮球全场（这个其实非常累！你打过全场就知道了）。

我男朋友甚至没办法跑步，但是他可以连续游泳几千米。

我妈受不了任何运动，但是她可以逛一下午的街。

这都是运动，你必须找到最适合自己的，才有勇气坚持。

单身的妹子不妨试试多人运动，不为啥，就为了多一条正儿八经认识男生的渠道。

据我所知，游泳的男孩子很多憨厚健壮，射箭馆里的男生大多文艺又骚包（聪聪你还好吗？），学剑道和空手道的男生很多干劲十足，玩定向越野的男生脑子特灵光。而打排球的男生多半斯文，其中主攻手往往开朗、有人缘，二传心思细腻又体贴，自由人善良有爱心，副攻总是技术宅，接应二传多基佬。

当运动成为爱好，好身材就只是一个附属品了，你基本就走上了一辈子不用担心身材走样的康庄大道。

5. 饮食习惯的调整。

首先，记住以下几句话：

（1）饿了就吃，不要伤害你的胃。健康第一。

（2）没有食物是负热量的，人吃什么都长膘。

（3）好吃的东西热量都很高。糖分和脂肪给人愉快感。

（4）什么都是原版的好。

以上是我曾经努力改变饮食习惯中遇到的困难，经过一阵艰难困苦的斗争后，我还是失败了，所以大家就不要走我走过的弯路了。零度可乐当然没有可口可乐好喝，无油的粗粮面包真的不如乳酪蛋糕好吃，97%的黑巧克力吃起来就像生吞一块木炭，黑醋栗蔬菜沙拉能比得上干煸四季豆和干锅辣花菜？少自欺欺人了你，所谓的低热量饮食，你坚持不了多久的。

能坚持做到的只是以下几个习惯：

（1）去超市只买少量零食，因为不管买多少我都可以三天吃完。

（2）买常备零食的时候不要买太好吃的，足够难吃的话，你就只会在足够饿的时候吃它。

（3）坚持吃饭七分饱，你真的会发现胃口变小了。人类的胃酸分泌是很智能的，基本上是你吃多少它就分泌多少。

（4）常备一点儿海带芽，半夜饿了加点儿辣椒泡一杯。或者萝卜干之类的，有时候想吃咸的吃不到会很难受。

（5）吃饱了就不再吃，马上扔掉，脑补吃下去就会变成一块肥肉，所以扔掉不算浪费。如果这点做不到，养一只不挑食的猫吧。

说了那么多，如果你说"啊，我懒啊，我不想运动。"

还是那句话，如果你没时间运动，你总有时间在逛街的时候踌躇买不到合适的衣服，你总有时间在相亲的前一夜焦虑自己的肥肉，你总有时间去医院拍X光看肩周炎有没有好点儿。

你总有时间天天对着镜子难过"我好胖"。

残酷地说，如果你能被自己的懒所控制，那你根本不是一个自由的人。

不自由，毋宁死。

♡ 有情有趣，欲罢不能"小妖精"

　　有趣，是我找男人的门槛标准，如果不有趣就不要谈了；如果足够有趣，那你矮胖穷丑都是可以被原谅的。因为，有趣实在是一种天大的性感。

　　按照三段论，先略微解释为什么要做一个有趣的人。

　　在社交关系的开拓阶段，相比绝色的容颜、良好的教养、温柔的态度，"有趣"是一个能让人留下第一面闪亮印象，同时又能经过一定练习"培养"出来的后天特质。美貌总有一部分是先天特质且时效短，而有修养和温柔顶多让人没有负分，很难做到第一面就闪瞎眼。

　　在情感关系的维护阶段，有趣更是必不可少的粘合剂。什么七年之痒，什么相看两厌，十有八九是因为两个人或者其中一个人太无趣了。我之前给大家讲的两个关于新婚劈腿的故事，有一个共同点，就是小三——她不一定年轻，不一定美貌，她可能没有学历没有家世，甚至她不算美，但是她一定有的——就是有趣。如果事先不告知故事背景，让人跟两类女孩接触，我猜大多数人也会更喜欢小三那种——因为有趣。

　　每天跟我私信科普MV、PU说起来一套一套的妹子，你能告诉我为什么查尔斯娶了又老又丑的卡米拉吗？明宪宗又是为什么对又老又作的万贵妃百般呵护？

补充一个小知识，根据史料《罪惟录》记载，万贵妃"貌雄声巨，类男子"，她比明宪宗朱见深大19岁，皇帝19岁登基的时候她35岁！脾气还非常大，人又非常作，膝下无子，知道她怎么死的吗？殴打宫女的时候用力过猛，心脏病突发而死。而我们的皇帝大人，不仅为了她废了皇后，还废了整个后宫，在她57岁死掉后，皇帝因忧伤过度而死。

这个世界，就是有些小妖精没脸有脾气，学历、收入、家世一项不占优，却总能把男人吃得死死的。小妖精们什么都没有，但是——有趣。

有人说很多男人他们不需要你有趣，这是因为相比性生活和生育，有趣是一种略微高层次的需求。这些人不是不需要有趣的女人，而是他们找不到。有趣的女人是一种奢侈品，有趣的女人比美貌的女人难找得多。他们只能找到可以上床、生孩子的女人。同理，也有很多女人不需要有趣的男人，她们只需要给自己钱花的男人。

这样的女人和男人如果处于社会底层，那还好，顶多是不咸不淡过日子，或是摔摔打打过日子，万一哪天能力上去了，品味上去了，要得起有趣的人了，或是有有趣的人来勾搭他了，分手、离婚是分分钟的事儿。

什么是有趣？

我们能清晰判断一个人是否有趣，却很少能明确定义到底什么叫做有趣。

以妹子最多的《红楼梦》为例。

我们知道《红楼梦》里，公认黛玉、湘云是有趣的，探春、王熙凤是有趣的；相对的，迎春、宝钗就不那么有趣。有趣的人里头，黛玉、史湘云是有小脾气的，探春是有大脾气的，王熙凤是有暴脾气的，而不有趣的迎春、宝钗都是没脾气的。前4个有趣的，是书里最讨老太太喜欢的——而老太太是书里第一人精。

我们仔细想想这4个人都有趣在哪儿了。

林黛玉：葬花，一般人想不出这个玩法；嘴贫，"携蝗大嚼图"之类的各种贫嘴贱舌。

史湘云：豪迈，喝醉酒倒在大石头上就躺着睡着了，拿铁架子大块烤肉，被人说像乞丐一样还理直气壮反驳。

贾探春：玩具收藏癖，红泥做的小火炉什么的，求宝玉给他买好玩的，贾贵妃也知道，生日都给她送玩具；脾气大，发怒了能一个大嘴巴子朝人呼上去。

王熙凤：会说笑话，嘴快人爽利。

这4个人有一个共同点，她们其实都算不上是符合时代标准的大家闺秀、公侯小姐、世家媳妇的形象。而她们有趣的那个点，恰恰就是不符合她们身份的那个点。

本质上，"有趣"是一场愉悦的意外，是一种惊喜。

它首先是一种意外。他认为你本应该是这样的，而你不是。

我们对贵族小姐的想象是贤淑贞静、温柔敦厚的。偏偏她们不是。她们吵架、骂人，还打人；她们烤肉喝酒还喝醉；她们也能挽了袖子，跐着门槛子一边挖耳朵一边吹过堂风。——啊，原来是这样啊，跟我想的不一样呢！这种欣喜让我感到了"有趣"。而那个贤淑贞静、温柔敦厚的迎春二小姐，从不给我们这样的机会。她的一举一动，都是读者意料之中的。

这种"意外感"大致可以分两种。

一种是带来愉快的意外感，让人觉得"有趣"；一种是带来不快的意外感，让人觉得愤怒。（对的，愤怒是一场不快的意外，我有机会细说，先谈有趣）

带来愉快的"意外感"也可以分两种。

（1）我不知道你原来是这样啊。

举例林黛玉：我不知道贵族小姐原来可以这么话多还贫嘴。

这种有趣是横向的，开拓了对方对我了解的广度。

（2）我知道你原来是这样，但是我不知道你"这样"到这种程度。

还是举例林黛玉：我知道探花的女儿敏感细腻伤春悲秋，但是我真不知

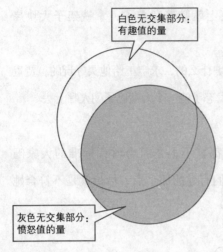

白色无交集部分：
有趣值的量

灰色无交集部分：
愤怒值的量

道你能伤春悲秋到这个程度。

这种有趣是纵向的，开拓了对方对我了解的深度。其实男女都一样，考虑到本书的读者中女生多一点，我就用女性视角写吧。

左图中，灰圈里是他对你的想象，他预期你是这样一个人；白圈里是他对你的观察，他发现你是这样一个人。

观察和想象大多重叠的，这代表他了解的你和观察到的你大多一致，但是有一部分偏离。

灰色无交集部分里是他以为你会，但是发现你不会的，会引发一些愤怒——比如，你长得很漂亮家里却这么乱，一个女孩完全不会做饭，你怎么会有这样不着边际的想法？

白色无交集部分里，是他以为你不会，实际上你给她惊喜的——比如，你还会这个，好厉害；你的想法好有意思，我怎么没想到！

下图为"无聊的人"，我观察的对方全线弱于我想象中的对方。

关于对方的观察

关于对方的想象

[案例]高晓松离婚、光源氏计划

2007年，38岁的高晓松迎娶19岁的夕又米，后来他在接受媒体采访的时候对记者说："她跟我一起的时候还很年轻，甚至还没进入社会，所以她的基本世界观都是我塑造的。相比之下，找一个年龄比较大的、被周围圈子的人塑造出来后你再去改的妻子，后者多累人啊，而且更容易产生分歧。我老婆对这个世界的看法，甚至听什么音乐、看什么电影，都是受我影响的，所以我们大部分的想法都很一致，我觉得这样很幸福。"

这段话基本可以让人确定他们非分不可。因为高首先是一个有追求的音乐人，不是求妻生子田舍翁，而他是以一个"世界观塑造者"的形式出现在夕又米的世界里，把夕又米量身打造成自己需要的那个人。

我曾经问过一个游戏开发者，打游戏很好玩是不是？他说是。再问他，那打自己设计的游戏好玩吗？他痛苦地摇了摇头。游戏很大程度上模拟了我们的人生，出生、升级、打怪、选服、点技能等等都可以在人生中找到相对应的坐标。

游戏好玩，恰恰是因为在游戏中未来的进程是未知的。我好奇升级后的世界，所以我努力打怪；我好奇从未进过的副本，所以我进工会。糖果粉碎传奇（candy crush）六百多关，关关都不一样，就是为了激发你探索的乐趣。

而高晓松，亲手消灭了这种乐趣。夕又米是另一个高晓松，他在自己和自己谈恋爱。

左手和右手下棋，你觉得有意思吗？

这种男性将女性定向培养成妻子的计划，称"光源氏计划"，来自日本平安时代的著名小说《源氏物语》。（插一句，中文版的首推丰子恺的翻译，文字颓艳哀伤，俳句翻译精妙，第一次看的时候一定要对照人物关系谱，他的版本还配有京都地图）贵公子光源氏把十岁的小女孩紫姬抱养成长，培养成自己的老婆。这种计划能养出一个绝对符合要求的、听话的、三观完全一致的配偶。

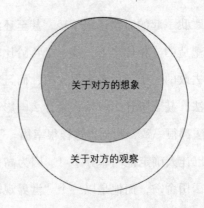

上图为"有趣的人"，我观察的对方全线强于我想象中对方。

[案例] 沈复&陈芸、钱钟书&杨绛

沈复与陈芸的恩爱生活并不代表中国最传统的价值观，只能说符合知识分子的三观。

陈芸是个很有趣的女人。订婚后，某次沈复饿得不行，她偷偷藏了小菜、点心给他吃，被自己堂兄撞见，在当时传为笑谈——这是极不符合闺门教化的例子，让沈复很意外。后来他才知道这只是惊喜的开端，这种惊喜将贯穿她短暂的一生。

她热衷书画，将残稿修订，她身体羸弱性子却豪迈，拔簪沽酒；她穿男子服装，元宵出游又忘了身份搭手在人家女眷肩上，差点被人打一顿。甚至她爱吃酱瓜臭豆腐，还逼着沈复吃，说得头头是道，沈复最后也喜欢上了。

陈芸这种种举动，都非寻常女子所为，沈复爱她爱得死去活来，但是陈芸不被公婆喜欢，两次被逐出门，于是沈复为了太太不惜忤逆双亲，每次逐出门都是一起走，跟着一起回来，这种感情，放当时放现在都算笃厚。

来一段："家庭之内，或暗室相逢，窄途邂逅，必握手问曰："何处去？"私心忐忑，如恐旁人见之者。实则同行并坐，初犹避人，久则不以为意。"好萌好腻。

钱钟书与杨绛这对我不打算说杨绛，而说钱钟书。因为结婚那会儿杨绛是清华校花，追求者甚多，钱钟书爱她挺有道理。俩人的一开始有点像沈从文与张兆和，不过前者恩爱夫妻，后者乱世怨侣。

我认为这两对中，女孩的品性、家世都差不多，差别在于男生。钱钟书是大家出身，公子哥儿贪玩；沈从文湘西军人家庭，他10岁的时候就家道中落。

有趣是一种无功利心的闲情，闲的前提就是不穷。有趣的人必须有过一段衣食无忧的日子来培养诸如品味、格调之类的东西。手头太紧了，人就不有趣了。钱钟书比沈从文有趣太多。

杨绛说的："我们在牛津时，他午睡，我临帖，可是一个人写字困上来，便睡着了。他醒来见我睡了，就饱蘸浓墨想给我画个花脸，可是他刚落笔我就醒了。他没想到我的脸皮比宣纸还吃墨，洗净墨痕，脸皮像纸一样快洗破了。以后他不再恶作剧，只给我画了一幅肖像，上面再添上眼镜和胡子，聊以过瘾。回国后暑假回上海，大热天女儿熟睡（女儿还是娃娃呢），他在她肚子上画了一个大花脸，挨他母亲一顿训斥，他不敢再画了。"

钱钟书最著名的一段莫过于，他家的猫和隔壁林徽因家的猫打架，钱拿着竹竿去给自己家的猫加油。

这种生活情调，沈从文是做不出来。

恋爱初期（图1）　　　　　　　　老夫老妻（图2）

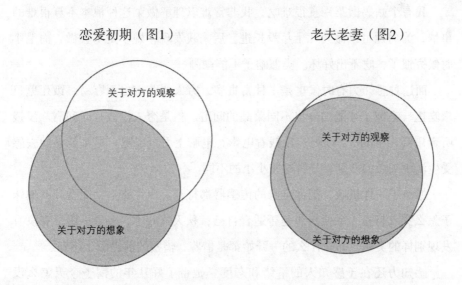

需要理解的是，这个图是动态的，随着他对你的预期和你的表现不断变化。日常中大多数人会这样从恋爱初期的上图1，转到老夫老妻时期的上图2。如果需要一个人一直爱你，那你需要保证白色无交集的那个月牙儿部分，要比灰色无交集的月牙儿部分要多。

怎么有趣？

1. 广泛的知识面。

这不能保证有趣，只能保证你不无聊。不无聊的意思就是什么都可以聊一天，而不是嗯嗯哦哦没话讲。知识面铺开才能保证有的扯。

"有趣"其实和"美丽""优雅"一样，是需要花钱来培养的。周游全球50国，从小出入厅堂的妹子，怎么都没办法无聊。普通人家的妹子，一是保持好奇心，尽可能多的参与人生体验，没试过的都试试，那些小小年纪就开始追求"平淡是真"的，多半是因为见识太短；二是多阅读，因为阅读是获取知识面的最廉价的办法，没有之一。

2. 敏锐的感知力。

我有个姑妈做菜一直很难吃，我非常难以理解做菜这种根本不算很难的事情，为何她可以做到几十年没长进。后来我发现，她不是不会做，而是小时候穷惯了，吃不出好坏。类似瞎子不能画画。

而这种感知力有时候也是一种富贵病，穷人要获得也不容易。饿死鬼只求吃饱，吃饱了才能细分出不同菜品的问道。但是穷人没钱有时间啊。没钱听音乐会，听mp3可以吧；没钱看电影，电脑上看可以吧。尽可能多的去感受生活中细微的差别，分辨这些小小的不同。

像兔子一样机敏，把你全身的传感器都打开。走在路上，能看到其他妹子怎么穿衣打扮，顺便想想是否适合自己；秋天落叶了，多看一眼，有没有发现别样的美丽。品味什么的一开始都是借鉴，借鉴的前提源于感知。

感知力还在于感知人的情绪和态度。她带了好几年的镯子今天怎么没带，刚刚说周末没时间的时候他为什么犹豫低头不敢看我？不去就不去，为什么平时话少的他叨叨叨了这么一大段不去的理由？

举个例子，《红楼梦》里老太太当着薛姨妈的面说："从我们家四个女孩算起，全不如宝丫头。"迟钝的人就会当老太太夸薛宝钗呢，沾沾自喜是不是？但是感知敏锐的人，能够细分出这句话里面的意思——贾府只有4个女孩儿，一个出嫁了是贵妃，三个还在闺阁中，难不成说你家宝姑娘敢比得上贵妃娘娘？当然不是，所以这四个女孩儿是三个闺阁中的小姐——迎春、探春、惜春，加一个林黛玉。所以林黛玉是我们自家的姑娘，你不是。

有趣的妹子，能敏锐感知世界的变化，引起内心的涟漪。她必然先觉得这个世界有趣，自己方能有趣。

3. 足够的鉴赏能力和执行力。

鉴赏力的差别，就是"折梅花插瓶"和"折梅花打猪"的差别。

首先，你要分得清高下，审美并不是铁板一块一条路，美的方式有很多种，但是美的程度的确有标杆。重蕾丝荷叶边洛丽塔可以绝美，黑白灰一片式也可以惊艳。如果你看着自己前几年的照片想抽死自己，恭喜，你的审美进化了。

受过一定教育的妹子基本审美可以保证，难点在于如果把这种审美执行。比如，我能欣赏巴黎时装秀的高级定制，我也觉得很美，但是我买不起。我看中汝窑那个碟子觉得很通透，但是我没办法摆出来。

如果纯有鉴赏力，没有执行力，不能够展示出来，就像那个什么武功都懂但是毫无缚鸡之力的王语嫣——没有人会觉得她有真功夫。

再来一段陈芸的：

余爱小饮，不喜多菜。芸为置一梅花盒，用二寸白磁深碟六只，中置一只，外置五只，用灰漆就，其形如梅花。底盖均起凹楞，盖之上有柄如花蒂，置之案头，如一朵墨梅覆桌；启盖视之，如菜装于花瓣中，一盒六色，二三知己，可以随意取食。食完再添。

沈复是个穷鬼，这里的梅花盒、白瓷碟，都是很常见的东西，这么搭配很漂亮，吃饭都心情好。想起家里吃饭，妈妈觉得碗装菜好，因为放冰箱方便，桌上也可以放得多。爸爸觉得要用各种盘子，理由就是样子漂亮，看着心情好。我觉得在这一点上，爸爸的生活态度比较有趣。

再一段：

当菜花黄时，苦无酒家小饮；

携盒而往，对花冷饮，殊无意味，或议就近觅饮者，或议看花归饮者，终不如对花热饮为快，于是陈芸想出妙计，以百钱雇卖馄饨者挑其担至南园，三五好友择桃阴下团坐，先烹茗，然后煮酒烹肴，当时风和日丽，遍地黄金，青衫红袖，越陌度阡，蝶蜂乱飞，令人不饮自醉，不久酒肴俱熟，坐地大嚼，游人见之，莫不羡为奇想，杯盘狼藉，各已陶然，或坐或卧，或歌或啸，直至夕阳西下，食粥果腹后尽兴而归。

这段是说沈复想来一个picnic或者BBQ，一边赏菜花一边吃热酒，但是每次带食盒过去酒就冷了，不开心。陈芸花几百钱请了个馄饨担，煮茶烫酒现场烧菜，让沈复和他的几个好友吃得痛快，看得痛快，想想就很棒。这种花小钱行大乐的技术非常了得。难就难在想不想得到。

生活中见过很多这样的妹子。几十块的白T恤，加一条复古的毛衣链；几块钱的果冻粉，买回家做一大锅鲜果果冻；一小瓶橄榄油，一小瓶医用酒精，自己做玫瑰花精油。某妹子的公司，晚上几个同事一起看世界杯决赛，妹子要了几大盆小龙虾，又预约了一个家政阿姨专门剥了一晚上小龙虾，他们就这么看比赛喝啤酒吃小龙虾肉——花钱都不算多，重在会花，花到点子上。

4.不随便、独特的个人标签，有明确的喜好。

猫特别喜欢用头蹭人，因为它的留气味的腺体在耳朵后面，它在你身上留下自己的味道。

说难听点，人也需要这样给自己做标记。否则人家怎么记得住你？

一个点菜的时候总说"随便"的妹子，或许不讨人嫌，但是也不容易让人记住。人们更容易记住喜好明确的人，比如那个很喜欢吃肉的妹子，那个吃素的妹子，而不是那个说"随便"的妹子。

很多无趣的妹子有一个共同点，没有喜好，不知道自己喜欢什么，没有爱好也没有特长，上班下班，两点一线。很多时候我会觉得上班只是一个赚钱的路子，我花时间换钱，下班后才是人生真正的开始，是我想要的时光。没有爱好的人生，万一工作不顺利，很容易觉得心如死灰、了无生趣吧。

爱好是一个提升有趣值非常有效的办法，因为喜爱，你在所爱的东西上会投入更多时间，了解更多的知识，从而拓宽你的知识面。如果把一个人的知识面粗略比喻成一个圆圈的话，爱好就是圆圈上凸起的角。

类似这样：

然后就会变成这样：

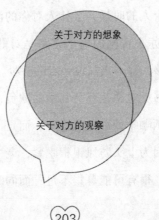

关于对方的想象

关于对方的观察

有没有发现白色无阴影部分增加了？嗯，你的有趣值又上升了。

张岱说："人无癖不可与交，以其无深情也。""癖"这种东西，能见人情深之处拥有一个或多个"癖"，可以让你有更多机会超越对方的期待，有更多惊喜，从而显得更有趣一点。

5. 有小缺陷，性情中人。

张岱还说了一句话："人无疵不可与交，以其无真气也。"人没个小缺陷，各种高大上的，显得太假，没人味。很多女生心中都会有个男神吧，你觉得男神什么时候是有趣的？是篮球命中还是奖学金第一，是升职加薪的时候，还是演唱会大卖？

都不是。男神有趣的时候，往往是他脱离神格，变成人的时候。

他在球场摔了一跤，他考试前夜通宵看球，他跟客户吵架一脸臭臭的时候，他明明是巨星偶尔还会羞涩的时候。

有趣不是完美，是真诚，真性情，高兴了笑，不喜了哭，有血有热。但这些真诚都是在无伤大雅的范畴内，不是高兴了癫狂不喜了撒泼。

有趣的妹子，她一定活得直抒胸臆；她就算算计人，那也是大喇喇的算计：我就是玩儿你了怎么着，你来咬我呀。

6. 独立人格，有主见，会坚持，会反驳。

据说在你反驳一个人的时候，会让人对你的注意力提高一大截，比赞美有效。所以总裁玛丽苏小言剧的那个思路是对的：反驳高富帅，吸引注意力。只是作者智商不够，写不出高级一点的桥段。

如果不是"小秘书反对总裁莫名其妙的欺负，坚称平民也有人格，或是一不小心弄乱文件倒洒咖啡博取注意力"，而是"小财务反对总裁对新一期企业债券定价过低，因为上头防风银根吃紧，老主顾的往来票据显示他们都没什么余粮却还死装，很有可能募集不足；而同时公司的一笔期权交易交割遥遥无望已面临多次保证金压力，一不小心就要强制交割，财务主管为了推卸责任闭口不谈"。如果这样写的话，总裁一定会对小财务印象深刻的，再搭配稚嫩的妆容，无畏的表情，焦虑却振振有词的语气，他真会觉得：这个新人，傻，但有意思。

反驳的前提是有主见，我认为不是这样的，所以我才反驳，而不是我看你不顺眼，为了反驳而反驳。而有主见，恰恰是最难达到的境界——这需要你有知识，有逻辑，才能建立起自己完整的一整套世界观，并且在自己的世界观里"逻辑自洽"地游走，才能用这一套逻辑去反驳别人。

那么，怎么才能有逻辑的呢？我建议看一下"全国大专辩论赛"以及"华人大专辩论赛"视频，先看攻辩环节，一问一答是如何接招出招的，然后看攻辩，看如何在短时间内建立完整的一整套逻辑。

爱读书的妹子可以去读《亚里士多德对话录》，里面都是一问一答、反问再答的格式，仔细琢磨一下会觉得很有意思。如果这本看不下去，可以先看《苏菲的世界》前20页，小说开头一段告诉我们如何打破经验，不破不立，不打破世俗世界的经验，就无法进行哲学的思考。

我对男友的最基本要求是，起码能反驳我，并且说服我一次。因为被人说得心服口服，是一种非常愉快的体验——就是那种，新世界的大门被打开了。在我营造几十年的世界观里，我坚不可破的知识和逻辑架构，因你做出了调整，现在，我的世界观更完整更坚固了。

每个人有自己的感知世界。找到一个能反驳我的人，把他有的、但我没有的世界分享给我。我就拥有了更多的世界。

7. 自嘲的心态。

自嘲的前提是——自信。非常自信，才能自嘲。

仔细看林黛玉和史湘云吵架，一个说"她原是公侯的小姐，我原是平民的丫头"，另一个说"她是主子姑娘，我是奴才丫头"，挺有意思，这两个人都是公侯千金，所以这自轻自贱的话说得可以这般坦荡磊落，因为她们都知道——我和我说的人，都不是我所说的那样。这话要是骂妙玉或者从邢岫烟嘴里说出来，那就完全不是这个效果了。

一个有趣的人，往往有点儿幽默感，幽默感也有高级和低级之分。某些人觉得夫妇结婚闹洞房，或是给男方家长穿内衣画乌龟游街是一种幽默；某些相声小品取笑残疾人觉得是一种幽默；也有些人出言文雅，一听好笑，再听乐不可支，联想丰富，鞭辟入里。

自嘲是高级幽默的一种。因为自嘲一则显得谦逊，二则不会伤及无辜。自嘲最经典的类型莫过于英式黑色幽默。推荐伦敦奥运会入场式的BBC解说版，笑完了你能深深感觉到英式幽默的精髓。

8. 快速的反应能力。

有趣往往和机敏、反应快联系在一起。因为很多场合的抖机灵机会是一瞬而过的，当时你不说这句话，过了3秒，可能就再也不能说了。跟人掐架的时候不说这句话，等你回头再想出来，却是再也没机会了。

而这种机敏，往往是和自信联系在一起。有时候，明明想到的，唯唯诺诺不敢说，怕说错，其实说错了又怎么样呢？越怕说错越不会说，最后干脆不说，自己觉得很安全了，不说总不错了吧，却从此被人套上木讷的标签难以翻身了。

这个我不清楚成年以后如何提升，多聊天多思考总不会错吧。但是对于孩子我很想说，这种木讷和机敏很多是青少年时期养成的。父母不耐烦，把孩子当成宠物而不是一个独立人格的人，缺乏平等对话和逻辑沟通的耐心（类似"你吃我的用我的怎么不听我话"这种），就会压抑孩子沟通和表达的欲望，最后渐渐变木了。我见过很多这样木讷的小孩，也见过很多和气讲理的父母和他们家机敏的小孩。

9.想象力创新和突破。

我说有趣的本质是一场意外，一场惊喜。要产生意外的效果，最好就是为前人所不为。聊天聊八百年前的老段子，做事循规蹈矩不越雷池，难以让人有兴趣。创新的前提是丰富的想象力，或者说联想的能力。

很多时候我们认为想象力是独立的能力，天马行空本身是一种能力。但是无视史实告诉我们，想象力很大程度上基于我第一条说的知识面。

农夫想象中的皇宫生活是"皇帝用的一定是金扁担"，农妇想象中的生活是"西宫娘娘摊鸡蛋，东宫娘娘烙大饼"。早期的科幻小说，如凡尔纳那个系列的，对于未来生活的高科技描写大多基于机械革新，各种按键各种机器，因为那是机械时代的作品。

之后的科幻小说中的机械，大多是触屏全息屏很少有整排整排的按键出现了。为什么？因为我们的知识结构升级了，我们知道我们不需要那样键盘装的按钮出现在高科技的未来中了。或许将来我们对未来的想象还会新的提升。而这些想象，都是基于我们对现在世界的了解。

所以，我想说的是，想象力和创新的前提，是足够多的知识储备。

之后你把各种知识储备模仿、转移、嫁接、衔接、扭曲、组合、切割，即有可能就是一种创新。

总而言之，恋爱是一场探险。因为它是两个人、两个世界观的碰撞，碰撞的结果可能是毁灭，也有可能是交融。恋爱会让人发现一个新世界——是对旧世界的突破，对新世界的探索。而一个人是否有趣在于他分享给你的新世界有多大。

但探险本身不是一件很舒适的事情，至少和蹲在家里比起来。探险的快感却必须在种种艰难险阻后才能享受到。

我的一个老前辈提醒过我，工作的时候，他最害怕的是舒适感。因为上坡的人不会觉得舒服，如果你觉得舒服，你就是静止的状态，你就危险。我谨遵他的教诲，努力在非常舒服的时候自己去找不适感，在非常舒服的岗位上找更难的事情，寻找让人忙碌、不安、焦虑、头疼等各种不适的事情做，当我战胜了不适感的挑战，就会感受到成功的喜悦。我知道，从此我的能力又提升了一步，能让我不适的事情，越来越少。

两个人相处也是如此，有趣的妹子往往不是那个给予"绝对舒适"感的人。

绝对舒适的是廉价的青楼姑娘、陪酒的小姐，她们顺着男人的话说，捡好听的说。太听话的妹子，不有趣。她们就像那些我可以轻松胜任毫不费力完成的工作。做完后，我会觉得不错，不会太开心。让我念念不忘的，却是那些艰难辛苦后完成的项目。

让人念念不忘的，也是这样的妹子。

有趣的妹子，她有自己的世界，她不是走进你的世界，而是为男生的世界打开一扇窗去参观她的世界。或许她的世界让男生感到惊讶，甚至不认同。但经历一段时间的磨合以后，两个人开始理解、欣赏彼此的世界，从此他们彼此都拥有了两个世界。所以，首先，你要有一个自己的世界。

我不喜欢被男人调教，因为他终会厌倦一个不能给他惊喜的我。

我也不喜欢操纵男人，能被我玩得团团转的男人，无法拓宽我的世界。

我喜欢，互相玩。

♡ 大道不拘，万卷书并万里路

关于感情，我似乎讲了太多"术"的东西，各种小聪明小伎俩，怎么讨人喜欢怎么勾搭人之类。这些需要会，但并非正"道"。

还是那句话，恋爱如拳击，体重便是我所说的"道"，技巧是我所说的"术"。道为实力，术为技术。重量级最烂的选手，打轻量级都是绰绰有余，虽然胜出者往往是因为技巧取胜，但生活不是比赛，生活不会给你分级。

在生活的拳击场上，我们会遇到各种白富美，各种小妖精，绿茶心机伪白兔，圣母包子狐狸精……你不知道你遇到的下一个对手是谁，万一，万一她比你道行高出一筹呢？你那些小伎俩分分钟就会被识破。

我不支持过分看中技术有3个原因：

1. 所有的技术都有局限性，在道行面前不堪一击。

一个朋友问我如何让男友给她花钱，这种想法很自然，我也看了一个很聪明的情感博主的答案。比如主动提"我觉得这个东西我用会好看"或者"我穿上这件衣服跟你约会怎么样？"那个博主说得很对，这种对话技术，很有效，但是你不能多用。

我想强调一万遍，男人不是傻瓜，至少你看上的男人往往不会比你傻。你那点小心思、小伎俩、小滑头，都是在他心疼你怜惜你的前提下卖给你一个面子。你技术增加十分，也就是让男人把卖你一分面子变成卖你两分面子，但你道行增加一分，人家那就是跪着你求着你让你花他的钱，生怕你不肯花，你花了他浑身上下十分舒坦。

很少看情感技巧类的书籍。情商的练习你看再多书也必须配合实践才有效果。大多关于情感、情商的书，就跟机场书店、成功学教材似的，乍一听，都好有道理，一看，觉得醍醐灌顶，大有相见恨晚之感。但是你要是翻开两本书，有可能发现这两本书说的完全不一样。

随意举例：

"要多花男人的钱男人才会心疼你，因为心疼自己的付出"，有道理，我也可以换个角度说，你以为男人都是傻子就那么愿意给你花钱，你值多少钱人家自然会花多少，价值不到你求也没用，再婉转地求也没用，人家听得出来你那点小九九，求了反而降格调，连你的价值都跌了。

"女人要坚持做自己，衣服都要好好挑，男人更要看好"，也有道理，我也可以换个角度说，坚持做自己你就一个人过一辈子呗。你真的不介意30多了嫁不出去吗？有本事继续挑，行情不饶人，你真的没后悔过前年相亲你没看上、今年已经抱儿子了的隔壁小李？你嘴上说不急，夜半无人睡觉醒来的时候真的很安定吗？凡是在BBS发帖说我生女儿也不错的人，多半心里对女儿有芥蒂；凡是天天嚷嚷我不急，我一个人挺好的，多半心里很焦虑。为什么？真不介意，她就不说了。

这种技巧书，多半如此，逻辑很对，但是逻辑不是只有一条。这条说得通，那条也说得通。道行不够的人，看什么是什么，等看到另外一条逻辑的时候，只怕已经来不及了。

2.用技术获一时欢心可以，获一辈子宠爱太辛苦。

这种辛苦，辛苦到你会支撑不下去。

经常有朋友问我，我遵守××戒律三天没有联系他；我怕作过头PU爆

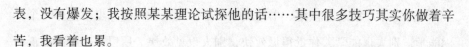

表，没有爆发；我按照某某理论试探他的话……其中很多技巧其实你做着辛苦，我看着也累。

男友和丈夫是你这辈子最亲密的爱人，你在他面前都放松不了，这辈子生活质量堪忧。我在男友面前，可以抠脚放屁，可以挤痘剔牙，喜欢了就腆着脸说好爱他不怕他看轻，恼了就作大死破口骂娘。

一年我用掉卸妆油不过30ml，用掉隐形眼镜六七副，剩下的时间，我选择自己最舒服的方式生活——人字拖、球鞋、T恤、卫衣、牛仔裤，头发随便一绑，700度眼镜。我不是标榜素颜，我是标榜一种让自己舒服的生活方式，如果你喜欢化妆，天天打扮得美美的也非常棒，但是前提是，你喜欢打扮，而非你为了男人打扮。

时间是最奇妙的东西。人生很短，青春易老；同时人生很长，长到不过几年的往事已经如前世。长和短，全看你活得快活不快活，两个人感情厚密，自然一日不见如隔三秋，两个人磕磕绊绊，便是度日如年。

如果一辈子都辛苦地遵守各种情感戒律，阅读各种恋爱大全，这样的感情，你真的愿意吗？

3. 技术见效快，对你快，将来对别人也快。

今天你用15分钟学的一个段子、一点儿技巧勾搭住这个男人，将来别人用20分钟学的段子一样能把这个男人勾搭走。自古"擒男术"的学习都是花楼姑娘的必修课，回头给大家推荐一整套明清情色小说，不嫌弃文言文的话能看出一点儿风味。为什么？因为"术"能让男人舒服，享受一段安耽的时光。

这种让人舒服的技术只能获得一个人的宠爱（当然有些人只需要宠爱不需要尊重不在此列），而非尊重。这种技术没办法勾住一个人的心，你只有让他不舒服才能让他一辈子记住你：比如改观了他的某些三观，开拓了他的视野，思想上给他冲击，让他感觉到你是一个活生生的独立人格的有趣的人，而不是一个讨人喜欢的阿猫阿狗。

既然"术"能通过微博、书籍发布出来，那么看到的人也不止你一个，你能学，别人也能学，你觉得见效快，别人也见效快。所以，这种门槛低的东西，根本没办法成为你的核心竞争力。

或许你说，我不需要那么长远，我只要见效快的东西先把这个人搞定。

婚姻不是恋爱的终点，永远不要有追到手的想法，想要一辈子好好过，就要假装一辈子都没把这个人追到手。

青春很短，生命很长，如果你用技术搞定了本不匹配你的人，将来婚后不和谐怎么办，将来有小三怎么办？你确定你所追求的一辈子的幸福能在婚礼当天就打个包票吗？

不论男女，视野开阔、思想独立才是"道"。成为一个独立的人，有趣的人，而非一辈子讨人欢心。有矛盾坐下来冷静沟通，而非驯狗一样给点甜头让对方养成习惯。两个人携手相爱彼此真心，而非算计筹措惴惴不安——所谓同道中人。

我发现来咨询我情感问题的朋友，总有一半以上的问题可以归结为：道行不够深。

道行不够深，自然心里没底。他已经一天没联系我了，他在打游戏骗我在工作，他总是出差不回家。他他他……你的世界里都是他，你对自己的注意力呢？你的朋友、你的工作、你自己的生活呢？

有点道行，才有底气。我深知我是这个世界上独一无二的我，来配这个世界上独一无二的你。我深知你离了我再也找不到我这样有趣的人，你出去啊，出去两天还不是乖乖回来。你一天不联系，哪怕一周，我吃好、喝好、玩好，我知道市面上那些有技术没道行的小姑娘根本不是我的对手，我的你如何会喜欢她们。

4.道行的增加并不难，甚至也不需要很久。

套用一句流行的话，以大多数人道行之低，远远没有达到需要PK技巧的程度。

如果明天开始拳击比赛不限重量，相信所有选手都会胖一圈。只有重到一定程度，才有技术提升的必要，才有撕逼能力的PK，否则只要胖一点就可以金山不倒了。同理于武术、散打——武侠片不算啊，真正的功夫打架，老人女人根本不是壮汉对手。我练过两年日本柔术的某个流派，因为他们衣服跟巫女的衣服很像很漂亮才练的，到今天170斤重的胖胖哒男友无任何技术可以秒压我。

道行无非家世财富工作，脸打扮学历，视野情商。学历家世都没办法改变了，脸和打扮暂时不提，这里只谈谈视野情商。这两点有个相似之处，都是实践重于理论。

先说情商，和异性沟通的一个前提就是，来者不拒。

很多妹子问题，啊，两个男人我不知道怎么选，我都喜欢。我就问她，两个人跟你逼婚了吗？没有。没有你急什么，慢慢处着呗。还有问我对男友不满意，一边妈妈要她相亲，该分手呢还是该相亲。我还是那句话，是男友跟你逼婚了，还是相亲的跟你逼婚了？要是没有，一起呗。退一万步说，就算你现在有男友，跟别的男人吃饭喝茶这种事情，能去也是去啊，说不定那人比你男友好呢！

当然，这种来者不拒不是让你随便乱来，而是留一道窗给所有可能的人士，不要以为自己有个男友了就天下太平了，这世界乱得很，婚前多个心眼，万一被甩了还能有个备胎。另外就是，就算你不跟这个男人将来怎么样，现在所有跟男人打交道的技术，练出来了都是能用到男友身上的，就当练手了。情商都是练出来的，遇到渣男不要哭，不经历渣男，你还狠练不出心眼来。

第二个前提是，就算没有人来，自己要主动。

不要在乎一开始主动的人是谁，很多妹子一开始要是不主动，就没有然后了。

娴静温柔那是形容大美女的，普通人安安静静只能是没人理的小土豆。不用多满座生风，会说话、会接话、会招呼、会倒酒倒茶就行，让人看到你的亲和力。美女不说话是高冷，一般人不说话就是孤僻不好相处；美女话多是亲民，一般人话多是犯贱——反正，自己把控好度。

这两个前提把握住了，不管什么朋友真心不真心，多聊天多练。聊的时候长个心眼，回头多想想人家为什么这么说。职场人士情商往往相对高，可以多参加实习，让公司里的人带带。实践真的不好说什么了，所有情商低的妹子，那是因为你们运气好，遇到的奇葩不够多，这样想想会不会舒服点。

如果你爱看剧，那推荐blibli开弹幕，看一些比较腹黑的剧，可能你看不出来里面的人说得什么意思，但是弹幕君妥妥地帮你搞定。

弹幕的另外一种形式就是"书评"。中国古代的书评很少成篇，很多都是零零散散记在书里面的边角位置，书评也能帮你看出书里面的门道。这就不能不说脂砚斋评本《红楼梦》和金圣叹评本《水浒传》了。一定要看评本呀！里面的人一句话一声笑都解释得清清楚楚，而且风趣有味。

至于见识，一个是阅读，其实不难，每天看一个小时的书就可以，书的种类根据自己的喜好即可，只要不是脑残文就行。

更重要的是，自己去经历一些事情。人的自信很大程度上来自经验，比如第一次丢身份证的时候我急得不行，第二次我就知道怎么报失怎么换卡，丢的时候只有郁闷没有焦虑。这种拉拉杂杂的事情做多了，自然就有一种自然而然的淡定气质。

自己完整地处理一场小车祸，自己去民政局办理户口迁移、档案转移等手续，自己一个人旅行做全部攻略。这种事情说大不大，但是没做过总会心里毛毛的，一旦做过，就有了底气。

在大城市的姑娘，可以参与更多的经历。

比如去听一场古典音乐会。或许你对音乐没什么兴趣，或许你觉得票价太贵，但是如果你没听过哪怕一场古典音乐会，我建议你，花几百块去一次。你会知道音乐会一般多久前入场，中间是否可能有休息，古典音乐应该何时鼓掌（其实很简单，上海的古典音乐会多半前面会有一个专业的掌声引导员，你跟着他鼓掌就不会错啦）。如果你没兴趣，也不必去第二次，但是你去过一次就知道是怎么回事，回头跟人聊天也比较有谈资有格调，万一遇到跟男生去，也丝毫不会露怯。

其他诸如漂流、话剧、攀岩、射箭、旅行等年轻人比较流行的活动，可以多见识见识，不用多久，你会发现你会成为一个有积累有见识，什么话题都能插上嘴的人。吃饭也是，同城年轻人之间的话题，无非哪里好玩哪里好吃，对餐厅说起来头头是道会给人留下大方、懂得生活的印象。

这些其实不算"术"，而算道行的积累。

女神级别外貌是基本款，聊天才是核心竞争力。而聊天除了会聊，更要有得聊，聊天的题材就是你过去的生活经历的总和，通过聊天，人们知道你是一个怎样的人。这不是你去过一家主题餐厅，听过一场音乐会能解决的，这需要融入到你的日常生活中，把经历新的经历，发现新的发现，作为一种生活方式融入到个人日常中，不断积累丰富自己的见识，每一次新鲜的经历，都将成为日后阅历的铺垫。

另一种经历就是阅读。阅读分两款，一款是知识库的积累，一款是方法论的积累。前者包括大量小说、说明介绍类书籍，后者就是社科类书籍。

关于前者我要推荐一套书，我说了你们不要打我——《中国少年儿童百科大全》，大开本，四本一册，堆起来有20公分厚。这套书语言简单清晰、趣味性强，而且一点也不幼稚，成年人完全可以看的，知识量非常丰富而且完整，觉得自己懂得少、没话聊的妹子，花两个月把这套书看完，就很容易打个扯淡的基本功。

书里面还有几乎所有文学名著的梗概，就算你没读过，关键场合装一装还是能够抗住的——感觉好没品的推荐，囧。这套书四本分别是科学、自然、人文、艺术四个方向，要是给中学生读，读完后看看哪一本书磨损最厉害，就基本知道这孩子应该报考文科、理科还是艺术类了。我运气好遇到这套书早，看完以后就有"百科大全"的绰号，一直到工作到现在，觉得整个人的知识架构还是很完整。文科生读了有科学素养，理科生读了有人文关怀。语言不深，内容不浅，非常适合打底的一套书。

关于后者，我觉得大家尽量买国外畅销书翻译版，不要买国内的。我自己大学就是中文系编辑出版学的，我知道国内很多社科类的书是怎么出来的，随便找两个大学生一个月能编两本。如果没有耐心读书的，重推纪录片，BBC的和NHK的，BBC有几个自然科学类的片子，地球系列，宇宙系列拍得特别有诚意，可以顺便练英文；而NHK的价值观、立场都非常中立、高冷，NHK关于中国改革开放以及中国经济时局的片子简直太有良心，内容详实、观点中立，果然最了解中国的还是日本人。

以上所有的所有，都可以用来装饰一个人的脑袋，不用一年，你就会有很大的改变。

但是脑袋里有没有真货，还要靠自己多思考。我就见过妹子每年出国旅行，旅行也不过是拍照发朋友圈，不动脑子不欣赏不思考，吴哥窟回来，连印度教神话的几个大神都记不清楚，你真的只是去看石头的吗？这样的"行万里路"跟邮差有什么分别？

综上所述，恋爱中技术道行高下有别。并不是技术不重要，而是技术的应用范围窄，时效短，可复制性高，门槛低。在关键时刻，可能就差那么一点点距离、一点点温度，那么技术好的，一句话一个眼神就可以起到四两拨千斤的作用，说不定收获的是一生的幸福。

但是，我希望我们不要以技术作为终极的目标。

金庸老人家的华山论剑，说华山派分为气宗和剑宗。气宗修的是内里，类似道行；剑宗修的是技巧，是技术。两个资质一样努力程度一样的人，若是做比照实验，练十年，剑宗胜，练20年，平手，练30年气宗胜出。

青春很短，但人生很长，我们的将来，还有一个30年，甚至两个30年要走。一个考虑长远的人，理当为自己的一辈子做长远的打算，把今天的每一分钟都变成明天的积累。每一天，都在成为更好的人，而不是更老的人。

我希望每一个女孩，和她相爱的人在一起，自尊而又智慧，有趣而又放松，不必担心年华老去，皮肉松弛，我们可以和最爱的他吃臭豆腐，在他面前刮腿毛，周末在家懒成一滩小猫。等我们的视野足以开拓每一天的世界，我们的情商足以游刃有余每一天的枕边人，我们就不会再担忧、恐惧，我们自信也信人，我们不用费心在徘徊和猜忌上，把每一分钟都花成我们最想要的样子。

像拳击手一样，在不分级别的人生中，争取做一个重量级的选手。

♡ 附录　小圈絮语

关于女人

如果年龄不是虚长，年龄的增长伴随着你的智慧、气质、自信、财富、阅历的增长，那么年龄的增长并不会成为我们焦虑的理由——我们还是在成为更好的自己，而更好的自己能找到更好的男人。

把自己变成那个值得对方珍惜的人，就算没有人来珍惜你，你还是会收获不少东西。

如果说每一个女孩子都是公主，那她该知道，不管她的王子来不来，她到老到死永远是公主。王子不来就活不好的，是KTV公主。

没有一手好牌的妹子，是需要付出大量精力在打烂牌上的，什么也不付出，是没办法把一手烂牌打好的。你又不是白富美，整天吃吃睡睡、玩玩逛逛，是没机会高嫁的。

当我遇到一段感情，我希望做那个控场的人，我要对进退有掌控权，我对我在感情中的表现有控制力，我对对方的所有反应要有预判的能力。一切尽在预期中，就算遇到终极男神，也会因为很明确自己是什么分量、有什么预期，而不会因为预期太高而被伤得体无完肤。

你要知道，"显得年轻"对于一个35岁以前的女人而言，并不见得是夸奖人的。"显得年轻"的意思是，你一直处于果酒、起泡酒的轻口味状态，这样的你适合绝大多数人喝，这样的酒也被摆在超市最显眼的柜面上，甚至也占据了最大的市场份额，但这不代表你的身价涨了上去。

一个拥有足够魅力的女人，应该被人称赞"有魅力"或是"美"，而不是"显得年轻"。不仅仅是你的外表，你的举止气度，你的一笑一颦，随着时间的发酵，渐渐将甜美清香的新酒变成一缸陈酿，醇厚悠长，伴随着更高的酒精度，更醉人也更受追捧。这样的你，追求者会从那些毛头小伙中脱离出来；这样的你，会吸引那些有阅历、更为成熟的男人。

被一个人不对等地追求并不是什么值得炫耀的事情。如果有男生愿意为你生为你死，对你百依百顺，那么这代表他觉得能够勾搭上你，是他赚了。换言之，他觉得他配不上你，即使你"作"到死，他还是可以用这种高攀女神的"赚了"的实惠感，来平衡自己的付出，达到情感上的收支平衡。

我比较喜欢去追男人。如上所说，你享受了被"主动"，说明男人觉得他高攀你，说明你低就了。换言之，你想高嫁，就必须主动一点，以女人的方式主动。

说女博士嫁不出去的，其实大多数女博士嫁得比她好；说女强人家庭不幸福的，其实大多数女强人离婚都比她幸福。身为弱势，不假想出强者的不愉快，怎么获得那点儿可怜的自尊？

想起有些女人一辈子只有两个状态：忍让和作死，没有中间态。私以为情绪稳定是情商第一课。

"作"是一种临时性的非常规行为，是在对情感有确切把握下的小调剂。正常情况下，双方的沟通，建议仍以理性沟通为主流，尽量心平气和、有逻辑地进行意见交换。意见不同也不要伤和气，共同磋商解决。"作"的主要功能是调情和调戏，而非沟通，更非对赌，绝非威胁。

关于男人

世间最好的男人，大概就是有见识，却又不是见识太多的男人。没见识的，跟个猫儿似的，沾着腥味儿就跑了；太有见识的，看开了，什么都放不到心上。

有些男生属于脸皮比较厚、表达欲很强的类型，他们可以迅速追求一个人，然而迅速追求，并不代表他爱你有多深，这只是代表他行动力比较强而已。在他嘴里，"做我女朋友吧"不是"让我好好疼爱你""我不想离开你"的意思，而是"让我把你承包了吧，这样你就不会被其他人抢走了"的意思，说难听点，跟小狗撒尿划地盘没什么差别。

当一个男人真心喜欢一个女人的时候，那种捞到宝的狂喜是掩盖不住的。他恨不得宣告全世界某某是我女人，他乐意带着你见他所有的朋友，不管你是美是丑，只要他真心喜欢。这对于他而言，就是一种炫耀，他乐意炫耀。

他快速回复你的所有短信，就算你不在线他也连续分享给你好多有趣的资讯，他提前一个月开始想着你的生日，他去哪里都会问你要带点儿什么，他再忙也不会晾你好几天——这才是"我爱你"的表现。

其 他

无趣的人大概有两个原因：一是书读少了；二是人没有好奇心。书读少了，你跟人聊天的时候无法分享有趣的东西；人没好奇心，则是无法兴致勃勃接受被人分享有趣的东西。我觉得要让自己变成聊天有趣的人，除了多读书，多出门，多见识，多思考以外，别无他法。

人类是杂食动物，任何单一食谱长期食用都会有带来危害的风险。酸奶减肥法、苹果减肥法、葡萄减肥法、瘦肉减肥法之类的，只能说呵呵了。要始终相信一点，从来没有"吃什么"可以减肥这种说法，吃什么都不会减肥的，不吃什么才会。

无论哪个同学会，叨叨叨叨求聚会的都是混得好唯恐人不知的；躲躲躲躲永远约不出来的，要么混得太惨怕人知，要么混得太好，人人皆知不必通告。欲让人知道该知道的，不知不该知道的；可人偏对不该知道的好奇。做知与不知间的信息调配，便是同学会的全部意义了。

看朋友圈炫耀只有两种状态，一是开心这货终于混出头了，又多了个有出息的朋友；二是拉黑，这货总发没见识的东西。一和二的差别，看交情。

有些话心里知道就行了。你见过哪个男的说"离开女的我一样活得很好"？越是彰显什么，越是显得不大气。当面笑嘻嘻地说"我可想你了"，回头自自在在该干嘛干嘛，让人抓心挠肺地去琢磨你几分真情几分假意，多好。